少年中国丛书

少年强则中国强

Patriotic juvenile

爱国少年

彩图版

爱国少年

策划⊙孟凡丽

主编⊙袁　毅

Wuhan University Press
武汉大学出版社

图书在版编目(CIP)数据

爱国少年/袁毅主编. —武汉:武汉大学出版社,2013.1(2023.6 重印)

(少年中国丛书:彩图版)

ISBN 978-7-307-10445-7

Ⅰ.爱… Ⅱ.袁… Ⅲ.爱国主义教育-中国-少年读物 Ⅳ.D647-49

中国版本图书馆 CIP 数据核字(2013)第 022573 号

责任编辑:代君明　　责任校对:杨智敏　　版式设计:王　珂

出版发行:**武汉大学出版社**　(430072　武昌　珞珈山)

(电子邮箱:cbs22@ whu. edu. cn 网址:www. wdp. com. cn)

印刷:三河市燕春印务有限公司

开本:710×1000　1/16　　印张:10　　字数:68 千字

版次:2013 年 1 月第 1 版　　2023 年 6 月第 3 次印刷

ISBN 978-7-307-10445-7　　定价:48.00 元

序 / Preface

故今日之责任，不在他人，而全在我少年。少年智则国智，少年富则国富，少年强则国强，少年独立则国独立，少年自由则国自由，少年进步则国进步，少年胜于欧洲，则国胜于欧洲，少年雄于地球，则国雄于地球……

——摘自梁启超《少年中国说》

一百多年前，中国身陷半殖民地半封建社会的境地，外有列强步步逼入，内有政府腐败无能，梁启超奋笔疾书《少年中国说》，以此激励世人扛起振兴中华的责任。

一百多年后，今天的中国国力渐强，但仍面临着各种各样的机遇和挑战。今日国之希望，未来国之栋梁，唯我少年！

但是要想担负起这个希望，要想成为这个栋梁，不是把《少年中国说》倒背如流就可以做到的。现在国与国的竞争，人与人的竞争越来越多元化、复杂化，在把语数英这些基础学科的知识掌握好之外，我们还需要培养自己的多元素质体系，这样才能使自己在与他人的竞争中立于不败之地，这样的少年担负起的中国才能在与他国的竞争中立于不败之地！

《少年中国丛书》选取了一个好少年最应该具备的基本素质：爱国、梦想、美德、感恩、创新、礼仪、励志和智慧。在一个个感化心灵的故事中潜移默化，在一个个精彩的主题活动中把这些素质落实到行动。

在这套书的陪伴引领下，让我们一起做一个好少年，做一个扛得起国之希望的好少年！

编委会

少年强，则中国强

少年中国

第一章 撒丁岛的少年鼓手

第二章 我是中国人

第三章　帕都亚的小爱国者

第四章 最美的垫底者

Patriotic juvenile

第一章/撒丁岛的少年鼓手

人类的精神世界好比是一座高不可攀的高山，我们每个人的责任就是做一个攀登者去攀登这座高山。因为山的顶峰有着伟大的中华民族精神，这种精神就是在长期的奋斗中形成的中华民族的思想精髓：团结一致，爱好和平，勤劳勇敢，自强不息。

妻子被埋，有空去看一眼

坚守自己的岗位，是一个人的基本职责，也是在岗位上爱国的体现，即使是最基本的职责，有时需要拿出全部的勇气去坚持。

这是2008年5月16日下午，都江堰二王庙。一辆警摩停放在路边，一些大树仍摇摇欲坠，险情不断。路边，站着一名警察。他叫张健，四十七岁，都江堰市公安局民警。“请行走在道路中间。”张健对经过身边的每个人都要送上一句叮嘱。这句话，他在几个小时内已说了上百次。

他与群众交流时，总是神色镇定，而自己内心的痛苦又有谁知道，因为他的妻子在此次地震中遇难。张健告诉记者，“12日下午发生地震时，我正在二王庙一带值勤。灾难暴发，受伤游客不计其数。有人躺在地上呻吟，有人奄奄一息……场面完全可用‘恐怖’二字形容，一点也不夸张。”张健立刻拦截路上一些车辆，有私家车，有客车，陆续将伤者抱上车。警服上、手上、脸上都是鲜血，他用自己的一双手救援了一百多名受伤群众。

天黑，山静。这时，张健获知噩耗，他的妻子死了。“我当时脑海里一片空白，什么都不敢去想。”他轻声地说。张健的妻子肖素莲在中国银行营业部上班，位于都江堰蒲阳路。地震发生之后，银行大楼顷刻间全部塌陷下去。与肖素莲上班的多名同事同时遇难。

当晚9时，都江堰城区在灾后一片漆黑，无声无息，唯有悲伤，蔓延。张健站在塌陷的大楼前，显得格外孤独。他一个人，不说话。“那一时刻，妻子的面容在我脑海里时隐时现，想哭也哭不出来。”他说。张健擦干眼泪，点燃一支香烟。看着手中的打火机，再次勾勒起他对妻子的思念。打火机是在几年前，张健过生日时，妻子送给他的生日礼物。如今，它却成为永久纪念的东西。

14日中午12时，张健几口吃完

一盒方便面，来到蒲阳路。利用短暂的间隙时间，看看被埋在废墟中的妻子。他站了几分钟之后，又返回二王庙值勤。

14日下午，张健第二次来到蒲阳路看看妻子。因张健妻子被砸得面目全非，尸体被挖出来之后，根本无法辨认。15日，尸体被火化。

“妻子被埋的时间太长了，我有时间就来陪陪她，以后再也没有机会了……”张健话音未落，他腰间的对讲机响了，得知前方又出现险情，要求张健马上支援。“对不起，我得走了。”他驾驶着摩托车消失在大山腰，背影越来越远越模糊……

爱国传承

对于一个民警来说，站岗值勤，协助遇难群众是他的分内之事，是他的职责所在。在妻子被埋在废墟之中时，他依然坚持着，站在自己的工作岗位上，这不仅仅是职责所在，这更是一种对国家的责任感。他的爱深深地埋藏于身为一个警察的职责之中，他同样也是一个丈夫、一个父亲、一个儿子。灾难面前，他能够选择坚守在岗位上，这就是爱国的体现。

有些时候，我们需要去选择什么是最值得做的，也要选择履行哪个职责是最对得起自己内心的。选择总是艰难的，但这是我们长大甚至伟大的唯一途径。

撒丁岛的少年鼓手

爱国情怀不只是说一句承诺，更是对这份承诺的身体力行。

在1848年7月24日，打响库斯托扎战役的第一天，我军步兵团奉命前往某高地，去占领一所孤零零的房屋。他们快接近房子时，受到奥地利两个连的士兵的突然袭击。

一向镇定自若的上尉这时也开始显得不安，他正靠着窗，不知道在纸上写着什么。

上尉折好纸条，用令人发抖的灰眼睛冷冷注视着一名少年，厉声说：“鼓手！”上尉把少年拉到窗口说，“在维拉弗兰卡村房子附近，有一片开阔地带，那里驻扎着我们的军队。现在你拿好这张条子，将条子交给你遇见的第一位军官。”少年把纸条放进胸前的口袋里。

“你要小心，我们分队的希望就靠你的勇敢和两条腿了。”上尉说。

少年几分钟后就到了地面。上尉伸着头，从窗口急切地观望山冈下飞跑的少年。

上尉以为少年不会被敌军发现。可突然，在少年前后冒起五六股烟雾。少年突然跌倒在地上。

“完了，打中了！”上尉吼叫一声，但上尉的话音刚落，少年又重新站起来，随后在篱笆后面消失了。

敌人的子弹更密集、更猛烈地射击。又有一些士兵倒下去。这时，军士从阁楼跑下来，大叫：“援军到了！”

听到喊声，所有的士兵虎跃般地冲向窗口，重新猛烈地还击，终于取得了胜利。

第二天，尽管意大利军队顽强作战，但终因敌军数量太多而战败。

上尉负伤，仍率领疲惫的士兵抵达了敏其奥河畔的哥依托。

上尉一进房间，就听到旁边有个很微弱的声音在说，“上尉先生！”

他转过身，原来是少年鼓手。他躺在吊床上，他看起来非常消瘦、苍白。

“你也在这里？”上尉非常惊讶，“你真了不起！你已经尽职了。”

“我尽力而为了。”少年回答。“我弯着腰猛跑，还是被敌人发现了。如果不是他们打中了我，我能早二十分钟到。”

上尉仔细看了看少年，说：“你身体这样虚弱，流了不少血吧。”“流血？”少年微笑着回答，“何止是流血，您看。”少年说着一下子掀开被单。

上尉骇然后退了两步。

少年只剩下一条腿，他的左腿已从膝盖上截断。

正在这时，一位穿着单薄的矮胖军医走过来，指着少年对上尉说：“上尉先生，真是不幸。要不是他发疯地拼命跑，那条腿本来是可以保住的。”

上尉皱皱又浓又密的白眉毛，凝视着少年，给他盖好被单。然后，慢慢地伸手，从头上摘下帽子。

“上尉先生，您这是干吗？”少年惊讶地连声问道。

此时，那个从未对部下说过一句温柔话的粗暴上尉，却真诚亲切地回答道：“我只是一名上尉，而你，却是位英雄！”

爱国传承

枪林弹雨挡不住他奔跑的步伐，也阻拦不了他一心为国的决心。少年在战场上失去了一条腿，但他没有失去奔跑的意志。少年为了完成上尉交给他的任务，履行自己的承诺，拖着受伤的腿一直向前奔跑。这样顽强的意志值得我们敬佩，在支撑这份意志的背后是少年对祖国深深的热爱。

王七爷的爱国故事

不是所有的爱国都体现在名人身上，平凡之中也藏有伟大。

说到爱国，我想说说平民百姓王七爷。王七爷是个乡野村夫，是个普普通通的平民百姓，几乎一辈子生活在乡下，你几乎很难把他和爱国这个词语联系在一起。

王七爷年轻时，曾挨过批斗。那时我七岁，我清楚地记得，王七爷当时因在山上偷种了几棵玉米，结果被人发现，玉米被人偷走了，王七爷还被捉来斗。斗王七爷的村民这样说："你王七爷不热爱社会主义祖国，你挖社会主义墙脚！"王七爷不服："你们都向国家伸手要救济粮，我从不要，我有手有脚有力气，我可以自己种，国家就少一点负担。我咋不爱国了？我比你们还爱！"村人愣住了，一时语塞，片刻后用鞭、棍打王七爷。王七爷一把捉住我父亲，让他说句公道话。我父亲当时是个小学老师，在乡下也算是个懂大道理的文化人。父亲一时没想好，也愣住了，村人更凶。王七爷恼了，他说："不管你们怎么斗我，我都不怕，到北京问毛主席我都敢，我没错，我王七这辈子，只要手脚能动，就不向国家伸手要东西，不会给国家增加负担。"父亲见状，坚决地说了一句："王七爷是对的。"结果父亲教不成书了，回家跟着王七爷学种田。村里人也怪了，没多久，也跟王七爷学，种了不少东西，再没向国家伸手要救济粮。

如今王七爷已年过七旬了，儿孙满堂。他这几十年，一直照自己的话做，并影响了子孙，个个凭着自己的勤快和力气过上了好日子。看王七爷这几十年，他对国家谈不上有啥贡献。如果要说有贡献的话，就是他没偷没抢，遵纪守法，自食其力，没给国家增加过负担，没给政府增添过麻烦，这就是他的贡献了。要说爱国的话，他就这样爱国的。

这，也应该是最动人的爱国故事，尽管平凡。

爱国传承

王七爷虽然一辈子在农村乡下，没有做过什么惊天动地的大事，也没有为国家抛头颅、洒热血，但在他的心中始终恪守着一份爱国的责任，就是要用自己的双手养活自己。这虽然与对祖国的大爱相差甚远，但试想一下，如果每一个人都能像他一样从自身做起，我们的祖国必定蒸蒸日上，所以，爱国不分方式，贡献不分大小。

精明是一种死罪

如果将爱国作为发财的手段，那么这必定是一项死罪。

一位精明的爱国者在获得国王的接见后，从口袋里掏出一些纸，说："陛下，我这里有一个配方，可以用来生产子弹都无法穿透的防护钢板。如果我们的皇家海军采用这种钢板，那么战舰就不会被击沉，所向披靡。这些是大臣们出具的报告，是这个发明价值的见证。我愿意以100万元的价格出让我的专利权。"

国王审阅了这些文件后，把它们放到一边，并承诺付给他100万元。

"还有，"这位精明的爱国者从另外一只口袋里又掏出一些纸说，"这些是我发明的一种大炮的生产图纸，这种大炮可以击穿那种防护钢板。陛下的王兄，即邦国皇帝，也很想购买这些图纸，但对陛下的忠诚驱使我将它们首先提供给陛下。价格是100

万元。”

他得到了另一张支票的承诺后，立即将手插入另外一个口袋，然后说：“那种无法抵抗的大炮的价值也许会很大，陛下，但是这种大炮的炮弹可以有效地避开，因为我有一种特殊的处理防护钢板的方法，是用一种新的……”

国王命令首相走到前面来。

“搜这个人，”国王说，“看他身上究竟有多少个口袋。”

“43个，陛下。”首相搜查完毕后说。

“陛下，”精明的爱国者大声叫道，“其中有一个口袋里装着烟丝。”

“抓着他的脚踝使劲摇晃他，”国王说，“然后给他一张4300万元的支票，再把他处死。你去发一个法令，宣布精明是一种死罪。”

爱国传承

真正的爱国是不求回报、甘心奉献，可以为祖国奉献，可以为人民奉献，可当精明的爱国者试图让自己的爱国行为有了过多的回报时，这早已不是爱国了。如果这位精明的爱国者可以适可而止的话，也许他的命运就会不同。

夏完淳怒斥洪承畴

自古英雄出少年，夏完淳小小的年纪却是正义凛然的典范。

弘光政权瓦解以后，东南沿海一带的抗清力量继续战斗。1645年6月，明朝官员黄道周、郑子龙在福州另立明朝宗室、唐王朱聿键（聿：音yù）即位，历史上称为隆武帝。

另一部分官员张国维、张煌言在绍兴拥戴鲁王朱以海监国。这样，就同时出现了两个南明政权。

为了对付抗清力量，清朝廷派了在松山战役中投降清朝的洪承畴总督军事，招抚江南。

这时候，在松江（在今上海市）有一批读书人也在酝酿抗清，领头的是夏允彝和陈子龙。夏允彝有个年纪才十五岁的儿子叫夏完淳，又是陈子龙的学生。夏完淳自小就读了不少书籍，能诗善文，在他的父亲和老师的影响下，也参加了抗清斗争。

靠几个读书人要组织义军是不行的。夏允彝有个学生吴志葵，是吴淞总兵，手下还有一些兵力。他们说服吴志葵一起抗清。吴志葵答应了，派出一支人马担任先锋队攻打苏州。

一开始打得挺顺利，先锋队攻进了苏州城，但是吴志葵临阵犹豫，没有及时增援，结果进诚的义军被围牺牲，吴志葵的主力在城外也被击败。

不久，清军围攻松江，夏允彝父子和陈子龙冲出清兵包围，到乡下隐蔽起来。清兵到处搜捕，还想引诱夏允彝出来自首。

夏允彝不愿落在清兵手里，投到河塘里自杀。他留下遗嘱，要夏完淳继承他的抗清遗志。不过夏完淳等人寡不敌众，最终被清军逮捕。

主持审讯的正是清廷派来招抚江南的洪承畴，他知道夏完淳是江南出名的“神童”，想用软化的手段使夏完淳屈服。他问夏完淳：“听说你给鲁王写过奏章，有这事吗？”

夏完淳昂着头回答：“正是我的手笔。”

洪承畴装出一副温和的神气说：“我看你小小年纪，未必会起兵造反，想必是受人指使。只要你肯回头归顺大清，我一定给你官做。”

夏完淳假装不知道上面坐的是洪承畴，厉声说：“我听说我朝有个洪亨九（洪承畴的字）先生，是个豪杰人物，当年松山一战，他以身殉国，震惊中外。我钦佩他的忠烈。我年纪虽然小，但是杀身报国这等大事，怎能落在他的后面。”

这番话把洪承畴说得啼笑皆非，满头是汗。旁边的兵士以为夏完淳真的不认识洪承畴，提醒他说：“别胡说，上面坐的就是

洪大人。”

夏完淳“呸”了一声说：“洪先生为国牺牲，天下人谁不知道。崇祯帝曾经亲自设祭，满朝官员为他痛哭哀悼。你们这些叛徒，怎敢冒充先烈，污辱忠魂！”

说完，他指着洪承畴骂个不停。洪承畴被骂得面如死灰，不敢再审问下去，一拍惊堂木，喝令兵士把夏完淳拉了出去。

公元1647年9月，这位年纪才十七岁的少年英雄在南京西市被害。他的朋友把他的尸体运回松江，葬在他父亲的墓旁。

到现在，在松江城西，还留着夏允彝、夏完淳英雄父子的合葬墓。

爱国传承

耳濡目染让夏完淳从小就怀有一颗爱国之心，从小参加抗清斗争，让他的爱国情怀更加深厚。虽是政权之间的争斗，却也能看出一个人的忠肝义胆。在他面对叛徒洪承畴时，真正做到了不为利诱、不为权欺。在我们的生活中也是一样，只要我们保持坚定的信念，一切强权都无法改变我们。

岳母刺字

“精忠报国”四个看似简简单单的字，却是他一生的座右铭。

八百多年以前，河南省汤阴县岳家庄的一户农民家里，生了一个小男孩。他的父母想：给孩子起个什么名字好呢？就在这时，一群大雁从天空而过，父母高兴地说：“好，就叫岳飞。愿吾儿像这群大雁，飞得又高又远。”这名字就定下来了。

岳飞出生不久，黄河决口，滚滚的黄河水把岳家冲得一贫如洗，生活十分艰难。岳飞虽然从小家境贫寒，食不果腹，但他受母亲的严教，性格倔强，为人刚直。

岳飞有几个结拜兄弟，一次因为没有饭吃，要去拦路抢劫，他们来约岳飞。岳飞想到母亲平时的教导，没有答应，并且劝他们说：“拦路抢劫，谋财害命的事儿，万万不能干！”众兄弟再三劝说，岳飞也没动心。岳母从外面回来，岳飞一五一十地把情况告诉了母亲，母亲高兴地说：“孩子，你做得对，人穷志不短，咱不能做那些伤天害理的事！”

岳飞十五六岁时，北方的金人南侵，宋朝当权者腐败无能，节节败退，国家处在生死存亡之际。一天，岳母把岳飞叫到跟前，说：“现在国难当头，你有什么打算？”

“到前线杀敌，精忠报国！”

岳母听了儿子的回答，十分满意，“精忠报国”正是母亲对儿子的希望。她决定把这四个字刺在儿子的背上，让他永远记着这一誓言。岳飞解开上衣，请母亲下针。岳母问：“你怕痛吗？”岳飞说：“小小钢针算不了什么，如果连针都怕，怎么去前线打仗！”岳母先在岳飞背上写了字，然后用绣花针刺了起来。刺完之后，岳母又涂上醋墨。从此，“精忠报国”四个字就永不褪色地留在了岳飞的后背上。

后来，岳飞以“精忠报国”为座右铭，奔赴前线，英勇杀敌，立下赫赫战功，成为一名抗金名将，流芳千古。

爱国传承

岳飞一生英勇抗金，满腔报国热血。正如他的词中所讲：“三十功名尘与土，八千里路云和月。莫等闲，白了少年头，空悲切！靖康耻，犹未雪。臣子恨，何时灭？驾长车，踏破贺兰山缺！壮士饥餐胡虏肉，笑谈渴饮匈奴血。待从头，收拾旧山河，朝天阙！”

关天培以身殉国

大炮的声音再洪亮也盖不住宣誓的声音，随着大炮一冲上天的还有关天培誓死报国的决心。

在1841年2月，英国侵略军的十八艘兵舰进攻虎门。守卫在这里的关天培命令士兵还击。但是由于敌人炮火猛烈，数百名士兵相继阵亡。上横档炮台阵地上，只剩下十几个士兵，他们的弹药已经打光了。但是没有一个人惊慌。当敌人冲上来的时候，这十几名士兵视死如归，手拉手地跳进了大海，以身殉国。

前边的炮台相继失陷，英军继续猖狂北窜，要夺取后面的靖远、镇远和威远三座炮台。这三座炮台是虎门的最后一道屏障了。在炮台阵地上，关天培和部将麦廷章带领士兵们宣誓：人在阵地在，誓与阵地共存亡！

敌人开始进攻了。关天培一边指挥士兵反击，一边自己点火发炮。士兵们打红了眼，早把生死置之度外了。仇恨的炮弹一发接一发，连连射向敌人。不久炮身热了，炮筒红了。突然“嘣！嘣！”几声，八门大炮全崩裂了。战斗进行了七八个小时，我军士兵伤亡过半，火药也不多了。英军乘势扑上了炮台。突然，关天培猛挥钢刀，冲上前去，砍死了前面的几个敌人，后面又拥上来一群敌人。关天培把钢刀高高举起，拼力向敌人的头上砍去。就在这时候，一颗子弹击中了关天培的胸膛。他挣扎着，怒目圆睁，在阵地上巍然挺立，把冲到他身边的敌人惊呆了！

老将关天培为祖国献出了生命。为纪念这位爱国将领，广东人民给他修庙立祠。林则徐特意写了挽联，挂在祠堂门口：

功高靖海长城倚，傲霜花艳岭南枝。

爱国传承

战场上，关天培没有因为敌人的强大而退缩，相反，他誓死抗争，保卫着祖国的领土。在这样的爱国将领的带领下，士兵的士气也是只增不减，如果没有他们这样的铮铮铁骨，也不会有今天屹立在东方的中华大地。在国家的领土面对威胁时，无论是背负着职责的领袖还是手无寸铁的人民，我们一定要团结起来，抵抗到底。

林则徐虎门销烟

骄阳下的滚滚浓烟卷走了列强侵略的野心，蒸腾的是中国人民抵抗外敌的士气。

在1839年6月3日，天刚蒙蒙亮，广州城就沸腾起来了。城门旁张贴着一张大布告，人们纷纷前来围观。有的人大声宣读着：“钦差大臣林则徐，遵皇上御旨，于6月3日在虎门滩将收缴的洋人鸦片当众销毁，沿海居民和在广州的外国人，可前往观瞻……”

老年人边听边点头，笑盈盈地捋着胡须。青年人兴奋地挥着拳头，赞不绝口。顽皮的孩子们在人群里钻来钻去，高兴地叫喊着：“烧洋鬼子的大烟了，快到虎门滩去看呀！”

成群结队的百姓，穿着节日盛装，敲锣打鼓，起劲地舞着狮子和龙灯。孩子们用竹竿挑着一挂挂鞭炮，“劈里啪啦”，震耳欲聋。浩浩荡荡的人流，向虎门滩涌去。

前往虎门滩的群众，经过英国洋馆。那里，过去英国人趾高气扬，不可一世。可今天，洋馆却死一般寂静，几个在窗口向外探望的英国商人，见人海如潮，喊声震天，吓得赶忙把头缩了回去。

虎门离广州城约有一百多里地，人们冒着六月的骄阳，经过长途跋涉，前来观看。虎门海滩人山人海，围得水泄不通。

虎门滩高处，挖了两个50米见方的销烟池，池子前面有一个涵洞，直通大海，后面有一个水沟，往里灌水。池子周围搭了几个高台，林则徐、邓廷桢、关天培等文武官员，站在高台上监督销烟。

销烟民夫先把池子灌上水，然后把一包包海盐倒入池内，再把烟土切成四瓣扔进水里。等烟土泡透后，再把一担担生石灰倒进池子里。不一会儿，池子像开了锅似的，黑色的鸦片在池子里翻来滚去，一团团白色烟雾从池子里往上蒸腾，弥漫了整个虎门滩，围观的群众欢呼雀跃。在雷鸣般的欢呼声中，通向大海的涵洞被打开了，销毁的鸦片被咆哮的海水卷走了。

许多外国商人看到这惊天动地的场面，都非常震惊，便恭恭敬敬地走到林则徐的台前，摘下帽子，躬身弯腰，表示敬畏。林则徐浩然正气地对他们说："现在你们都看到了，天朝严令禁烟。希望你们回去以后，转告各国商人，从此要专做正当生意，千万不要违犯天朝禁令。走私鸦片，自投罗网。"商人们洗耳恭听，连声称是。

两万多箱鸦片，二十三天方才全部销毁。这一壮举，大长了中国人民的志气，大灭了外国侵略者的威风。

爱国传承

虎门销烟是禁烟运动的高潮，是对于数十年来外商贩运鸦片的严正抗议和坚决打击，维护了中华民族的尊严，显示了中国人民反抗侵略的意志。这样的举措也表明了中国人民反抗侵略的决心和勇气，振奋了民族精神。现在我们虽处于和平年代，但维护国家主权的意识不可懈怠。

郑成功收复台湾

"誓死效忠祖国！一定收复台湾！"这铿锵有力的字眼，出自郑成功的口中，犹如蔓延的藤条，深深地扎根在每一个战士，每一个中国人的心田。

我国明末清初的民族英雄郑成功在1662年2月1日，率领军队驱逐荷兰侵略者，收复了台湾。郑成功是福建南安县人，他自幼善于思考，英勇有为。父亲郑芝龙是明末福建水师将领。他的少年时代正处于中国的大动乱时期，所以，救国救民的思想在心底打下了深深的烙印。

1646年，清军渡过了钱塘江，占领了浙江。掌握隆武朝政大权的郑芝龙降清。郑成功痛心于国破家亡和人民苦难，拒父劝降，焚衣招贤，募兵抗清。经过浴血奋战，取得了厦门作为抗清根据地。郑成功第三次北伐失败后，兵力大伤。他考虑了全局形势，感到只靠厦门和金门作为根据地，势单力孤，不可能实现恢复中原的大业。如果赶走荷兰侵略者，收复国土台湾，扩大抗清根据地，壮大自己的力量，形势就会好得多。而且台湾人民不堪忍受荷兰侵略者的暴行，切盼解放。于是郑成功决定挥戈东征，收复台湾。

台湾自古以来就是我国的神圣领土。“台湾者，中国之土地也……今余即来索，则地当归我。”这是郑成功正告荷兰殖民者的庄严誓词，也是他“十年始克复先基”的意愿。

荷兰殖民者于1624年侵占了台湾，对台湾人民进行了长达38年殖民统治与掠夺，台湾人民灾难深重，盼望祖国收复台湾。1661年4月21日郑成功披甲执剑，率领大军浩浩荡荡从金门料逻湾扬帆出发，凌波越海去收复台湾。

郑成功的军队在进军中遇东南逆风，白浪滔天，船队不能行进，只得返回，停泊在澎湖三十六屿中间，一连几天不能行进。军粮告急，必须采取紧急行动。郑成功发布了一道命令，庄严宣告：我率领大军，冒着风险东征，是为了收复被侵占的国土，绝不是为了到海外去贪图安逸。他激励将士们，不要怕惊涛骇浪，

不要怕敌人的大船大炮，只要听从指挥，万众一心，就一定能够战胜困难，夺回台湾。于是全军将士齐心协力，顶逆风，冒急雨，排巨浪，船队继续向东南进发。4月29日黎明直抵台湾海岸线外。船队避开了赤嵌城海岸，绕道从鹿耳门登陆。登陆后，立即包围了军事据点赤嵌城，与荷兰殖民军展开了激战，打得侵略军溃不成军，收复了赤嵌城。荷兰总督揆一见势不妙，便玩弄缓兵之计，表示愿意年年纳贡。郑成功斩钉截铁地对来使说，除非你们投降，把台湾交还中国，否则没有第二条路好走。郑成功下令立即进攻，攻打揆一盘踞的台湾城。经过九个月的围攻，荷兰人弹尽粮绝，最后不得不挂白旗投降，派人送出了投降书。1662年2月1日，举行了受降仪式。这一天，荷兰侵略者在中国人民面前低下了头。

郑成功收复台湾五个月后，因戎马倥偬，操劳成疾，不幸逝世，时年只有三十八岁。

爱国传承

台湾是中国不可分割的一部分，不仅仅因为它是我们的中华儿女繁衍的土地，也因为这片土地上洒满了爱国人士的鲜血与盼望统一的愿望。陆游有一首诗写得好：“死去元知万事空，但悲不见九州同。王师北定中原日，家祭无望告乃翁。”先辈们对祖国的执着值得我们学习，他们浓厚的爱国精神和至死不忘祖国的精神也激励着我们。

梅兰芳蓄须明志

梅兰芳先生不仅是一位伟大的艺术家，还是一位伟大的爱国主义者，抗战期间为了不给日本人演出而留起了胡须，退出了自己热爱的舞台……

在1937年8月13日，日军进攻上海，淞沪战事爆发。日寇占领上海不久，得知蜚声世界的京剧第一名旦梅兰芳住在上海，就派人请梅兰芳到电台讲话，让其表示愿为日本的“皇道乐士”服务。梅兰芳洞察到日本人的阴谋伎俩后，便决定尽快离沪赴港，摆脱日寇纠缠。于是他一边给日本人带口信说最近要外出演戏，一边携家率团星夜乘船赴港。

梅兰芳来到香港后，深居简出，不愿露面。为了消磨时光，他除了练习太极拳、打羽毛球、学英语、看报纸、看新闻之外，还把主要精力用来画画。

1941年12月下旬，日军侵占香港，梅兰芳苦不堪言，担心日本人会来找他演戏，怎么办？他与妻子商量后，决心采取一项大胆举措：留蓄胡子，罢歌罢舞，不为日本人和汉奸卖国贼演出。

1942年1月，香港的日本驻军司令酒井看到梅兰芳留蓄胡子，惊诧地说："梅先生，你怎么留起胡子来了？像你这样的大艺术家，怎能退出艺术舞台？"梅兰芳回答说："我是个唱旦角的，如今年岁大了，扮相也不好看，嗓子也不行了，已经不能再演戏了，这几年我都是在家赋闲习画，颐养天年啊！"酒井一听，十分不悦，气呼呼地走了。过了几天，酒井派人找梅兰芳，一定要他登台演出几场，以表现日本统治香港后的繁荣。正巧，此时梅兰芳患了严重牙病，半边脸都肿了，酒井获悉后无可奈何，只好作罢。

翌日，梅兰芳感到事态十分严峻，香港也成了是非之地，不宜久留，于是他立即坐船返沪，回到阔别三年多的上海老家。

爱国传承

梅兰芳作为一个演员，在表演力旺盛之际，因为要抵抗恶劣的社会环境，而蓄须谢绝登台演出，连嗓子都不敢吊，对于像梅兰芳这样视艺术为生命的人来说，可谓苦不堪言。但是为了抵制侵略者，热爱自己的国家是比他生命更重要的事情，所以他宁愿放弃自己的艺术生涯，这种取舍多么让人钦佩！

戚继光牢记父训

戚父教子不慕虚荣，时刻为报效国家做准备；其子尊父不贪享乐，最终完成父志。

戚继光出生于世代将相之家，父亲戚景通是一位久经沙场、屡立军功的老将。五十六岁时才生下一子，取名继光。老将军晚年得子，对继光十分钟爱，但教子极严。

戚继光十二岁时，有一天练武回到家中，见工匠们正在修理厅堂。一个工匠对他说："你家世代做官，戚将军功名不小，照理该造一间十二扇雕花窗的大花厅，现在你父亲只修一间四扇窗的厅，未免太节省了。"

戚继光听后对父亲说："工匠说父亲官职不小，为什么不修造一间雕花窗的大厅呢？"

父亲摇了摇头说："你小小年纪就贪慕虚荣，将来我这份产业到你手里怕是保不住啊！你想想，工匠的话对不对？"

戚继光从小聪明，一下子就明白了父亲话里的意思，回答说："孩儿听从父亲的教诲，实在不该听工匠的话。"

第二年，家中要给戚继光定亲。女方家中送来一双非常昂贵的绣鞋，戚继光见了这双鞋，翻来覆去看不够。母亲说："既然你这般喜爱，那就拿去穿吧！"他穿上了绣鞋走到父亲的书房，高兴地问："父亲，您看这双鞋漂亮吗？"父亲一见，皱起眉头，严肃地说："我上次为修大厅的事就对你说过，不要贪图享乐，你现在又犯了！一双鞋虽小，但如果你爱慕虚荣享受之心不改，将来当了将军，不爱财不贪污才怪呢？"

戚继光听了红着脸，把绣鞋脱掉说："孩儿知错，这双鞋我绝不再穿。"

父亲又问他："宋代岳飞曾说过什么话？"

"文官不贪财，武官不怕死，国家就兴旺。"

"对，你要终生牢记这句话！认真读书，苦练武艺，才能为国立功，干一番大事业！"

几年后，戚继光成为了一名文武双全的青年军官。这时父亲正埋头著一部兵书，有人劝戚景通晚年应该多置买些田产好留给后代，他听了以后对戚继光说："你知道父亲为什么给你取名为继光吗？"

"是要孩儿继承戚家军名，光耀门第。"

"继儿，我这一生没有留给你多少庞大的产业，你不会感到遗憾吧？"

戚继光指着厅堂上父亲写的一副对联，"授产何若授业，片长薄技免饥寒；遗金不如遗经，处世做人真学问”，他读了一遍后说：“父亲从小教我读书习武，还教我做一个品德高尚的人，这是留给孩儿最宝贵的产业，孩儿从没想过贪图安逸和荣华富贵，我只想早些看到父亲将来像岳飞建‘岳家军’一样，创立一支‘戚家军’。”

戚景通听后心中十分宽慰，笑着对儿子说：“我这部兵书已经完成了，现在我要传给你，这是我一生的心血，将来你用它报效国家吧！”

戚继光跪在地上，双手接过《戚氏兵法》说：“孩儿一定专心研读这部兵法，不管将来遇到什么艰难险阻，我都不会丢弃父亲的一生心血。”

戚景通在七十二岁时患重病去世。戚继光接到噩耗从驻防地赶回家奔丧。他在父亲坟上哭着说：“继光一定继承您的遗志，

为国尽忠，赴汤蹈火，在所不辞！”

明嘉靖三十四年(公元1555年)，朝廷命戚继光为佥浙江都司，负责抗倭。他组织“戚家军”在六年中九战九捷，威震中外。他曾对人说：“我之所以能抗倭取胜，全靠我父亲在世时的谆谆教诲啊！”

爱国传承

教子重教德，敬老学做人。从小培养戚继光时，他的父亲戚景通就身体力行，争当典范。戚继光从父亲的言语、作为上也认识到了虚荣的弊端。正是由于他从小养成的避免奢华虚荣的习惯，才能成就他以后的丰功伟业，为国家效力。古人尚能做到，今人更当如此。

陈嘉庚的办学故事

一份可以值得用一生去奋斗的事业，让陈嘉庚这一生丰富多彩。

陈嘉庚是一位伟大的爱国者、著名的实业家，也是一位用尽毕生热诚办教育的教育事业家，还是名副其实的教育家。他一生生活俭朴，但兴学育才则竭尽全力，十分热心。他的办学时间之长，规模之大，毅力之坚，为中国及世界所罕见。

陈嘉庚说："民智不开，民心不齐，启迪民智，有助于革命，有助于救国，其理甚明。教育是千秋万代的事业，是提高国民文化水平的根本措施，不管什么时候都需要。"本着上述办学的宏伟目标，他不惜倾资办学。

1913年，陈嘉庚在家乡集美创办小学，以后陆续办起师范、中学、水产、航海、商业、农林等校共十所；另设幼儿园、医院、图书馆、科学馆、教育推广部，统称"集美学校"；此外，他还资助闽省各地中小学70余所，并提供办学方面的指导。1923

年孙中山批准“承认集美为中国永久和平学校”，“集美学校”之名就是由此而来。规模这样宏大，体系这样完整的“学校”，全国还找不到第二个。

1921年陈嘉庚认捐开办费100万元，将年费分十二年付款共300万元，创办了厦门大学，设有文、理、法、商、教育，五院17个系，这是一所华侨创办的唯一大学，也是全国唯一独资创办的大学，于1921年4月6日开学，陈嘉庚独力维持了十六年。后来世界经济不景气严重打击了华侨企业，陈嘉庚面对艰难境遇，态度仍很坚定地说：“宁可变卖大厦，也要支持厦大。”他把自己的三座大厦卖了，作为维持厦大的经费。

陈嘉庚在解放后，不余己力，扩建集美学校和厦门大学，亲自指挥工程进展，检查工程质量，群众称他为“超级总工程师”。

陈嘉庚倾资兴学，他希望有志之士，闻风继起，振我中华，故虽企业收盘，仍多方筹措校费，艰苦支撑，百折不挠，估计他一生用于办学的款项，约达一亿美元以上。在他的倡导下，许多华侨纷纷捐资兴学，蔚然成风，影响极为深远。

陈嘉庚不仅是一个教育事业家，而且不愧为一个教育家。在长期办学的实践中，形成了他的教育思想：第一，他提倡女子教育，反对重男轻女的封建思想。大力倡办女子学校，让女子能够上学，这在当时的历史条件下，开了风气之先，是难能可贵的；第二，强调优待贫寒子弟，奖励师范生。他反对办学分贫富，尽力帮助贫寒子弟上学。同时，他也非常注意师范生的培养，严格选择和物色师资人才，对于优秀人才加以奖励；第三，讲究教学质量，注意全面发展。陈嘉庚从办学开始，就一直注意“德、智、体三育并重”，强调全面发展；第四，主张“没有好教师，就没有好学校”，强调要确立教师在学校的主导地位，他认为要办好学校，关键在于领导和教师。“千军易得，一将难求”，要提高教学质量，很重要的一条就是“要选教师”，因此，他十分重视选择校长和教师；第五，为了振兴实业，培养生产技术人才，倡办职业技术教育；第六，要求普及教育，并订下同安“十年普及教育计划”，设立同安教育会和教育推广部。

陈嘉庚在办学事业上鞠躬尽瘁，他为教育事业奋斗了一生。

爱国传承

陈嘉庚为了教育事业奋斗了一生，无论什么困难都没能阻止他继续推广教育，他用自己对教育的梦想实现了为祖国尽一份力的希望。无论是一位教育事业家还是一位教育家，他都是我们的典范。有谁可以一辈子坚持一件事，并且做到影响深远？爱国不一定要在战场上挥洒血水，社会上各方面都可以发挥余热。

主题班会：雷锋精神永放光芒

【活动主题】发扬雷锋精神

【活动目的】如今的社会是现代发展与保留传统风俗的矛盾体。随着时代的发展，物质生活水平的逐步提高，人们的道德观也随之减弱。现实下，我们不仅仅是观察社会，而且是改变社会。去其歪风，展其优势便是全人类的共同责任，作为中国人，不能丢弃老一辈的传统智慧。必须继续发扬雷锋精神，以助人为快乐之本，以善事为己之任。生活的点滴中，随处都可发扬雷锋精神，如公交车上、马路上、餐厅里、课堂上……

【活动日期】______年______月______日

【班级人数】______人

【缺席人员】______人

【活动流程】

1. 事前准备

(1) 让每位同学搜集班中和社会上的好人好事。

(2) 发动全班同学搜集有关雷锋的简介和日记等。

(3) 布置学生进行专题讨论：

分小组搜集关于雷锋的名言及事例，并讨论班上有哪些体现雷锋精神的好事，又存在哪些与雷锋精神相违背的现象。

(4) 老师归纳专题讨论结果，用于班会课上的讨论，包括两大主题：雷锋有什么魅力？为什么要学习雷锋？

(5) 学生以小组为单位搜集生活中的好人好事及典范人物事例，以备班会课发言。

(6) 排练小品《身边的雷锋》。

2. 活动进行

(1) 出队旗，音乐伴奏。

全体队员行队礼，出旗曲要放完整，前奏时旗手原地踏步，按节奏绕场地行进一周，到达指定位置后旗手原地踏步直至曲子结束。各小队的小队旗同时举起，成45度角，直至出旗结束。

(2) 唱队歌，诗朗诵。

A：人的生命是有限的，可是，为人民服务是无限的，我要把有限的生命投入到无限的为人民服务之中去。大家知道这句话是谁说的吗？

B：社会上确实应该有公德心，提倡雷锋精神，鼓励有能力帮助别人的人去帮助别人。现在，让我们一同进入主题班会“让雷锋精神永放光芒”。

A：雷锋，一个逐渐远去的名字，却足足影响了好几代人。其实，在我们这个经济的时代，却需要雷锋的“傻子”精神、“钉子”精神，让我们一起走近雷锋，呼唤雷锋精神的回归吧！

B：全体起立，朗诵：《雷锋叔叔你在哪里》。

(3) 讲雷锋叔叔的故事。

每一位同学将准备好的雷锋故事讲给大家听。

(4) 欣赏小品：《一粒钉子》

学生 2：（背着书包，走进课室）啊，还没人来，今天我最早到啦！（坐在椅子上）哎呀，我的屁股好痛，怎么回事？原来是一枚钉子，没人看见，换一张椅子。

学生 1：早上好，××，你怎么了？心神恍惚的。

学生 2：没、没什么事。

学生 1：（坐在椅子上）哎呀，真痛！钉、钉子。（趁没人注意，换了一张椅子）

班长：大家早上好！

学生 1：班长，昨晚的那道数学题你做出来了吗？能教教我吗？

班长：当然可以，待会儿教你们。（坐在椅子上）哎哟，什么东西？是一枚钉子。

（这时，学生1、学生2听了这话，都走了过来，不好意思地道歉。）

班长：哦，没关系，椅子“长”钉子了，让我去拿把锤子来修一修，然后再教大家做数学题。

学生 1、学生 2：好，我来帮你。

（小品结束）

通过观看小品表演，总结生活中怎样体现出雷锋精神，怎样将雷锋精神发扬光大。

3. 老师总结：

同学们，雷锋是我们心中的偶像，雷锋是我们学习的楷模，雷锋精神又给我们指明了前进的方向。通过这次队会，我相信会有更多的“小雷锋”出现在我们的周围。同时，也希望同学们继承革命英雄的光荣传统，努力学习，做一个合格的共产主义事业接班人。

4. 呼号。

5. 退旗。

6. 队会结束。

Patriotic juvenile

第二章/我是中国人

祖国是哺育我们的母亲，是生命的摇篮，我们应该为自己是一个中国人而感到骄傲。我们的祖国有五千年悠久的历史，在历史长河中涌现出了大批的英雄豪杰，他们为了祖国的每一寸土地而和敌人做殊死的斗争。因为他们的付出和牺牲，我们的祖国才得以富强。因此，我们要时常对自己说："我是中国人，我为此而感到骄傲！"

左宗棠抬棺出征收复新疆

民族情感在左宗棠心里最为浓烈，最为深刻，当民族最危急的时刻到来之际，只有一种选择，那就是为和平而战，为捍卫民族的生存而战，胜败犹荣。

清同治四年（1865年），中亚浩罕汗国军事头目阿古柏在英国的支持下，率兵侵入南疆，建立“哲德莎尔”伪政权，进而占领天山南北广大地区，实行殖民统治。清政府忙于镇压内地人民起义，无暇西顾。

1871年，俄国又乘机出兵占领时为新疆军政中心的伊犁地区，加紧与英国争夺中国西北边陲。至此，清王朝已彻底丧失了对新疆的管辖权，边疆危机日益严重。

以左宗棠为主的“塞防”派则高瞻远瞩，主张收复新疆，以从根本上巩固整体国防，才能彻底恢复国家元气。当时权倾朝野的重臣李鸿章向无知的慈禧太后奏曰：“新疆乃化外之地，茫茫沙漠，赤地千里，土地瘠薄，人烟稀少。乾隆年间平定新疆，倾全国之力，徒然收数千里旷地，增加千百万开支，实在得不偿失。依臣看，新疆不复，与肢体之元气无伤，收回伊犁，更是不如不收回为好。”深知国家长远利害关系的陕甘总督左宗棠则奏曰：“天山南北两路粮产丰富，瓜果累累，牛羊遍野，牧马成群。煤、铁、金、银、玉石藏量极为丰富。所谓千里荒漠，实为聚宝之盆。”

左宗棠铮铮铁骨：“我朝定鼎燕都，蒙部环卫北方，百数十年无烽燧之警……是故重新疆者所以保蒙古，保蒙古者所以卫京师……若新疆不固，则蒙部不安，匪特陕、甘、山西各边时虞侵轶，防不胜防，即直北关山，亦将无晏眠之日。而况今之与昔，事势攸殊。俄人拓境日广，由西向东万余里，与我北境相连，仅中段有蒙部为之遮阂。徙薪宜远，曲突宜先，尤不可不豫为绸缪者也。”在左宗棠看来，“若此时即拟停兵节饷，自撤藩篱，则我退寸，而寇进尺，国将不国！收复新疆，势在必行。胜固当战，败亦当战。倘若一枪不发，将万里腴疆拱手让给别人，岂不会成为中华民族的千古罪人？”

“海防”与“塞防”的分歧，不只是两个人的辩论，而是两种思维方式的矛盾，实质上是两种民族命运的抉择。面对滚滚硝烟笼盖天山南北，一个是听之任之，苟且偷生，只求“不伤元气”；另一个则是挺起民族的脊梁，奋力拼搏，捍卫民族的利益与尊严。

没有风，没有月，没有人送行，左宗棠在一天夜里独立出京，这次慈禧太后被他说服，任命他为钦差大臣，督办新疆军

务，他去兰州做出征的准备。这个刚毅、坚韧、雄心未老的湖南汉子，面对内忧外患，且“兵疲、饷绌、粮乏、运艰”，却百折不挠，信心百倍。

“六十许人，岂尚有贪功之念？所以一力承担者，此心想能鉴之。”他带着当年林则徐绘制的新疆地图，背负着千万中国人的重托，心胸燃烧着正义的烈火，他将要进行的是正义的战争。撤换了一批骄横荒淫的满洲军官，整训了队伍，率领六万湖南子弟从兰州出发。

光绪二年（1876年）春天。总督府响起了三声炮响，左宗棠的队伍一路西行，浩浩荡荡，领头的是一位年过古稀的老人，跟在他身后的是一口黑漆棺材。左宗棠对平西也没有必胜的把握，但这个不服输的老人为了民族的命运不惜赌上老命，率领军队向新疆进军，打算不成功便成仁。就是这位抱定一去不复返的老人，完成了一项石破天惊的大业，也改变了中国的命运。

左宗棠根据新疆敌情及地理特点，制定了“先北后南”、“缓进急战”的战略方针。同时，筹运粮饷，整顿军队，改善武器装备，并编组了一支以道员刘锦棠部、都统金顺部、提督张曜部为主的作战部队，共约六七万人，委任刘锦棠总理行营营务，加紧进行战争准备。以刘锦棠部为“主战”之军，以张曜部为“且战且防”之军，相继长驱西进。

当时南疆各族人民久受阿古柏的荼毒，纷纷拿起武器配合清军作战。10月，刘锦棠部以破竹之势，驰骋2000余里，收复喀喇沙尔、库车、阿克苏、乌什等南疆东四城。1878年1月2日，清军攻克和阗。至此，整个新疆除沙俄侵占的伊犁地区外，全部收复。1881年初，中俄《伊犁条约》签订，中国收回伊犁和特克斯河上游两岸领土（霍尔果斯河以西地区和北面的斋桑湖以东地区却被沙俄强行割去），这是近代中国史上仅有的一次外交胜利。

爱国传承

“国家不可一日无湖南，即湖南不可一日无左宗棠也。”潘祖荫在向咸丰皇帝保荐的奏书中说的这句话把左宗棠指点江山的豪迈、睥睨群雄的大气跃然纸上，其旷世才情，豁达胸襟也淋漓尽致。纵观左宗棠的一生，其功绩不是幕府湖南、为骆秉章出谋划策，也不是统帅楚军、平定太平天国，而是抬棺西征，誓死收复新疆。

倘若在国家领土主权、民族利益上一味退缩，对侵略者无原则地退让，软弱无能，偏安一隅，苟且偷生，怎么可能换来长期的和平与安宁？

冯子材大败法军

鲁莽的爱国并不一定成事，只有勇敢加上智谋才能成功。

公元1885年2月，法国增兵越南，进攻谅山，直扑中越边境。13日深夜，法军还没有到达，贪生怕死的潘鼎新便一把火烧掉谅山城，退回镇南关（今友谊关），还觉得不安全，又继续逃到离关一百四十里的龙州。法军如入无人之境，十天后轻而易举占领了镇南关。就在这危急关头，清廷起用年近七旬的老将冯子材，前往镇南关抗击法军。

那时候，法军的气焰非常嚣张，竟在镇南关前竖立木牌，用汉字写道："广西的门户，已不复存在了！"他们以为广西已经失去了屏障，中国人就只好举手投降了。但是，法军的如意算盘打错了。镇南关一带的民众也在关前插立木柱，针锋相对地回敬道："我们将用法国人的头颅，重建我们的门户！"

冯子材赶到镇南关后，马上召集各路将领开会，商讨对付法军的办法。他听说当地有个叫蒙大的人很有名，就亲自上蒙家村去拜访。冯子材请教蒙大有什么办法能打退法军。蒙大指着村外的山谷说："这关山如同大鱼张口，法军孤军入关，插翅难逃，地形对我们是很有利的。"

冯子材采纳了蒙大的意见，并结合敌情，最后选中离镇南关十里的关前隘为预设战场。他派部队在隘口抢筑起一道三里多长的土石高墙，墙外挖掘一米多深的战壕，使东岭、西岭与长墙连成整体防线。同时，把粤军、湘军和淮军等不同番号的清军，统一编制成左中右三路。

一切准备就绪，冯子材决定先发制人。3月21日，冯子材率领一支队伍，夜袭法军占据的文渊城，一度冲到市中心，并击毁了山头上敌人的两座炮台，杀死了许多守城法军，大大提高了清军的士气。

清军的主动出击，使骄横的法军恼羞成怒。法军头目尼格里等不及援兵到齐，就提前发起进攻。3月23日清晨，法军趁着大雾，倾巢出动，向关前隘猛攻。他们凭借炮火优势，攻陷了东岭三座炮台，居高临下，直扑关前隘长墙。冯子材大声喊道："如果再叫法国人打进关来，我们还有什么脸面去见两广的父老乡亲！"在主帅爱国激情的鼓动下，将士们奋不顾

身冲出长墙，拼死抗击，终于挡住了法军的疯狂进攻。这场恶战结束后，冯子材估计法军会重新反扑，就以“誓与长墙共存亡”的壮烈誓言，鼓励部下提高警惕，捍卫长墙。

不出所料，第二天拂晓，尼格里又指挥法军分作几路，杀气腾腾地再一次猛扑关前隘。“隆隆”的大炮响个不停，阵地上一片火海，双方都有很大伤亡。冯子材下了一道死命令：“我们与法国人决一死战的日子到了，希望大家奋勇杀敌，谁要是临阵逃跑，不问他是何军何系的，一律杀头！”

法军的攻势越来越猛，射过来的开花炮弹像雨点似的落在冯子材身旁。他的侄子请他稍作退避，他立刻咆哮道：“怕炮弹还打什么仗！我是宁死不退的，谁说退就是动摇军心。”

在大炮掩护下，法军持枪吆喝着，像恶狼一样猛扑过来，有的爬过了清军防守的壕沟，有的甚至越过长墙，形势千钧一发。

冯子材当机立断，手持长矛，大吼一声：“冲啊！”奋不顾身地带头冲向敌阵。他的两个儿子也紧跟着跃出长墙，抡起大刀，左冲右突，奋勇砍杀。全军将士士气大振，潮水似的涌出栅门，一齐杀入敌阵，刀劈枪挑，与法军展开短兵相接的肉搏战。法军吓得目瞪口呆，霎时乱了方寸。突然，阵后又杀声大起，当地壮族、瑶族、白族、彝族、汉族，以及越南群众一千多人风驰电掣般冲杀进来。打得法军溃不成军，一个个丢盔弃甲，四处逃窜。

冯子材接着挥师乘胜追击，一举收复了文渊城和谅山。这一仗，总共消灭法军一千多人，法军头目尼格里也身负重伤，由士兵抬着逃走。

镇南关之战，是中法开战以来最大的一次战役，从根本上改变了中法战争的局势，使中国反败为胜。

爱国传承

冯子材的一腔热血洒在了镇南关，最后的胜利也是他坚持的结果。面对法军的疯狂进攻，他不但没有退缩，而是用顽强抵抗的决心击退了敌人。如果生活中，我们做任何事都抱有这样的决心，相信“有志者，事竟成”。

丁汝昌誓死保卫祖国领海

“与舰同在，与舰同亡”，虽然未能完成心愿，但他留下的是一颗爱国的精忠之心。

一百多年前，我国和日本之间爆发了甲午战争，爱国将领丁汝昌为了保卫祖国的领海，宁死不屈的事迹一直为人们所传颂。

1894年10月，日本侵略军分海陆两路，进犯我国的旅顺和大连这两座美丽的城市。旅顺和威海卫隔海相对，是当时北洋水师

的两个重要基地，可是当时掌握军政大权的李鸿章，见到敌人就像见到豺狼一样胆战心惊，他强行命令守在旅顺的丁汝昌撤退到威海卫。丁汝昌心情沉痛地离开了旅顺，旅顺很快被日军占领。

日军占领旅顺后，立即又来进犯威海卫。丁汝昌再次向李鸿章请战，可李鸿章仍然阻止他向敌人进攻。看到敌人气势汹汹的样子，丁汝昌再也忍不住了，他违背了李鸿章的命令，指挥北洋舰队冲向日军舰队，击沉了日军多艘军舰，但因我方和日军的力量相差太大了，将士们拼死反击还是不能挽回危局，海军指挥部所在的刘公岛被日军包围了。

一天，丁汝昌正在思考怎样对付敌人的办法，一个不幸的消息传来，岛上的武器弹药就要全部用完了，情况万分紧急。恰在这时，舰艇上一些贪生怕死之徒又想叛变，公开违抗命令。丁汝昌痛苦极了，他沉默了一会儿，然后下了最后的一道命令：把他的提督印章作废。

夜静悄悄的，海风夹着寒气，一阵阵袭来。当他身边所有的人都走尽时，丁汝昌——这位无法实现自己爱国抱负的英雄服毒自杀了，用生命实现了他“与舰同在，与舰同亡”的庄严誓言。

爱国传承

宁死不屈地保卫祖国的领土，但最终未能如愿。丁汝昌的爱国之举受到人民的崇敬，也激励着更多爱国人士为祖国而战。他最后以殉国的方式来表达自己未达心愿的遗憾，这样的方式在现代人看虽有些极端，但依然为后人传诵。

鲁迅弃医从文

他放下了手术刀，选择拿起了笔杆子，而正是这一支笔，唤醒了多少沉睡的灵魂。

鲁迅完成了他在弘文学院的学业，他在弘文学院里不仅学到了专业知识，还为他今后的伟大业绩做了知识上的铺垫。

少年时代的鲁迅曾亲身体验过祖国医学落后给他带来的痛苦，他希望自己能成为一个有真才实学的医生，好去救治那些和父亲一样求助无门的病人。

后来，他在求学期间明白了，日本的明治维新就是发端于医学的进步，尽管这种记载可能有夸大失实之处。但这对于寻求救国之路的青年，是十分具有吸引力的。

于是，本来应该学采矿的鲁迅，申请去仙台医学院学习。鲁迅正式填写了入学申请书和学业履历书。鲁迅的求医过程比较顺

利，成绩虽然不算太好，但还过得去，可是这也不被日本学生所接受。

“中国人是低能儿，能得到这样好的成绩吗？”一部分心胸狭小的日本学生怀疑起来了。于是，一种没来由的侮辱也随之降临到鲁迅头上。这样的成绩居然被怀疑已经很痛苦了！然而，更悲哀的是，不仅在别人的眼里中国人已经没有了尊严，不久之后的一件事情，让他发现就连自己的同胞，也已经麻木，已经丧失了民族的尊严。

一个失掉了自豪感和自尊心的民族，是真正悲哀的民族！他吃不下饭，也睡不着觉了，家乡人势利的眼睛，水师学堂的乌烟瘴气，被列强瓜分的祖国，中国学生在日本受到的侮辱，都一齐涌上心头，像一把切割心灵的利刃。他一下子明白了，学习医学并不是一件要紧的事情，而是愚弱的国民，即使体格如何健全，如何茁壮，也只能做毫无意义的示众的材料和看客，病死多少是不必以为不幸的。一个新的明确的信念在鲁迅的心中诞生了：对于麻木的祖国，紧要的不是用医学医治同胞的肉体，而是要设法医治同胞的灵魂。只有精神，才能让沉睡的祖国惊醒起来！而能够改变精神的唯一武器就是文学，因此鲁迅决定弃医从文。

于是，鲁迅办理了退学手续，开始了从文之路！

爱国传承

鲁迅将自己所学的知识与中国人的命运紧紧相连，他首先考虑的是国人，其次才是自己，这样伟大的胸襟是令人敬仰的。在拿起笔的时刻，想必他也在心里下定了决心，要用针砭时弊的笔锋唤醒麻木的中国人。也许他自己也未能料到，正是他这样远大的胸怀与爱国的志向，让他成为了中国一代文学巨匠。

为中华之崛起而读书

为中华之崛起而读书，是周恩来毕生的目标，唯是如此，周恩来才受到万民的景仰，成为一个完美的典范。

周恩来在沈阳读书的时候，只是个十二三岁的少年。他学习非常勤奋、刻苦，常常和老师、同学一起讨论自己在阅读书报时思考的问题。当时他们讨论得最多的是怎样救国和宣传救亡的问题。

周恩来在课堂上认真听讲，认真完成课外作业，尊敬老师，团结同学，有礼貌，守纪律。他特别注意课外阅读，来弥补课堂上学习的不足。他所读的书报，范围也比较广泛，除了社会科学的书籍外，自然科学和军事科学的书籍也是他喜爱的读物。他还能把几本书的内容对照起来阅读，加以比较，探求最科学的内容和答案。

有一天，东关模范高等学堂的魏校长把同学们召集起来，问

大家："读书为了什么？"

有的同学说："为了给自己将来找条出路。"

有的同学说："为了能发财致富。"

还有个同学说："为了帮助父母记账。"原来他的父亲是个商人。

魏校长问周恩来："你呢，为什么读书？"

周恩来站起来，大声地说："为中华之崛起而读书。"就是说为了中华民族的强大兴盛，像巨人一样挺立在世界而读书学习。

老师和同学们都敬佩地望着他。

周恩来在中学三年里，学习成绩始终名列前茅，他的作文曾经被选送到省里，作为中学生的模范作文印行，这篇题目为《东关模范学校第二周年感言》

的文章，后来还收入上海进步书局出版的《学校国文成绩》和上海大东书局出版的《中学国文成绩精集》这两本书里。这篇九百多字的文章写得非常精彩，其中对于老师、同学充满着热情的希望，希望师生一道以担负“国家将来艰巨之责任”。这对一个十三岁的孩子来说是非常难能可贵的。

周恩来中学毕业以后，赴日本留学前，曾经回到沈阳母校，看望诸位师友。他给一个要好的同学写了临别赠言：“志在四方”、“愿相会中华腾飞世界时”。相约当中华民族独立、繁荣的时刻再相见言欢。这位同学一直把这幅题字珍藏了四十年，1957年，他又送给周恩来总理，两位老同学终于在解放后的新中国重逢，畅谈了祖国天翻地覆的变化。

爱国传承

“为中华之崛起而读书”成为了后人的美谈，周恩来正是怀抱着这样的爱国理想，一步步走向了为中国崛起而奋斗的道路。从周总理的事迹中，我们领会到的是不管年龄有多大，始终都要抱有远大的爱国理想，这样才能一直为理想而奋斗。

革命诗人裴多菲

贵族过着灯红酒绿的奢侈生活，贫民却用饥饿的目光，盼望有块黑面包。裴多菲心潮起伏，为革命而战。

生命诚可贵，爱情价更高。若为自由故，二者皆可抛。这首由中国诗人白莽翻译的《自由与爱情》，是匈牙利爱国诗人裴多菲写的。裴多菲在写这首诗时，心情是复杂的。那是1847年1月1日，他正好二十四岁。

这天，在匈牙利首都布达佩斯的一间简朴的小屋内，裴多菲汇集自己写的几十首诗，准备交给出版商出版诗集，他在诗集扉页上写下这首《自由与爱情》时，内心百感交集。

裴多菲的苦恼，是他深切感受到在奥地利统治下的匈牙利人民的痛苦。裴多菲在学校读书时，对拜伦、雪莱、海涅等人的诗歌极其喜欢，又爱上了匈牙利的戏剧。他曾经参加一个民间流浪剧团，扮演一个小角色，在舞台上演出。随着这个剧团，他有时步行，有时乘驿车，游历了半个匈牙利的土地。在小客栈和帐篷里，在多瑙河桥下，他体会到在奥地利皇室和匈牙利贵族的双重压迫、剥削下，匈牙利的广大民众生活在贫困之中。他也学会了用民歌的通俗语言写诗，他逐渐明白，自己的笔应该抒写为争取自由而奋起反抗的精神。

裴多菲就这样写下了大量讴歌自由的诗篇，而且作为组织者之一领导了民众起义，要求废除封建制度，将匈牙利从奥地利皇室的魔爪中解放出来。

布达佩斯的3月15日起义，鼓舞了匈牙利人民的革命热情。匈牙利各地相继爆发了农民暴动，他们占领了欺压他们的贵族老爷的庄园，烧毁了地契，平分土地。到了这年秋天，匈牙利全境掀起了民族解放运动，人民大众在爱国将领的指挥下，拿起武器，参加争取匈牙利独立的战争。

但是，奥地利皇帝在沙皇尼古拉一世的支持下，组织军队残酷镇压。沙俄政府派出了十四万军队，带着五百多门大炮，其中有装备精良的哥萨克骑兵，也对匈牙利民族自卫军发动凶猛的进攻。

面对强大的敌军，匈牙利民族自卫军奋力拼杀，一场又一场的血战，仍无法取胜。沙俄军队的铁蹄践踏着匈牙利的土地，许多爱国志士被残杀。

为了冲破沙俄军队的包围，匈牙利民族自卫军再次反击。当时任少校副官的裴多菲遵照规定，是应该留在后备部队中的，但他仍赶往战斗前线。

1849年7月31日，裴多菲勇敢地出现在子弹横飞的战场，他身边的民族自卫军骑兵打退了沙俄军队的进攻，使他热血沸腾，却忽略了自己的安全，敌人已经发现独自站立的他。两名哥萨克骑兵策马冲了过来，第一个挥起军刀狠狠劈下，裴多菲一个闪身避开了。第二个哥萨克骑兵投出的长矛，却正刺入他的胸膛。爱国诗人裴多菲就这样倒在了自己热爱的土地上，当时他只有二十六岁。

裴多菲的遗体与一千多名为争取祖国独立而战死的民族自卫军战士一起，被安葬在一个大坟茔里。他所写的大量诗歌，不仅仅属于为匈牙利独立斗争的战士们，也广泛流传于那些被压迫、被侵略的弱小民族、国家中，鼓舞着他们奋起、争取民族自由。

爱国传承

裴多菲在争取民族自由的斗争环境中成长并为爱国讴歌。一个多世纪以来，裴多菲作为争取民族解放和文学革命的一面旗帜，也得到了全世界进步人士的一致公认。他的诗篇以及为民族而战的英勇行为为后人传颂。他勇敢向前、坚持不懈的精神也是值得我们学习的。

我是中国人

在无数双蓝色的眼睛和褐色的眼睛之中，我有着一双宝石般的黑色眼睛。我骄傲，我是中国人！

在1895年，在河南省扶沟县吕潭镇一家吉姓小茶馆的后院，诞生了一名男孩，取名鸿昌。对于鸿昌的父亲吉筠亭来说，添人增口是件喜事，可又多了张吃饭的嘴。吉鸿昌好不容易熬到了十八岁，恰恰冯玉祥在河南招兵，于是他便报名参军，从此开始了他一辈子的戎马生涯。

吉鸿昌自幼即以岳飞、文天祥等为心目中的英雄，所以在行伍中他待人诚恳，吃苦耐劳，恪守军规，勇敢善战，以致有“吉大胆”之称，他率领的部队则号称“铁军”。到了1930年，也就是吉鸿昌三十五岁那年，被提拔为国民军第22路军的总指挥。当时正值北伐战争之后，日本帝国主义对中国虎视眈眈，可是国民党借口“攘外必先安内”，拼命剿杀共产党。这时吉鸿昌奉命攻打鄂豫皖苏区，他在前线化装成小炉匠进入苏区，亲眼见到共产党的真实情况，觉得茅塞顿开，并为自己立定了目标：“投错了门路，就拔出腿来！”于是准备率部起义。不料蒋介石得到密报，很快解除了吉鸿昌的兵权，以“考察”的名义将他驱逐到国外。

就在吉鸿昌出国前夕，9·18事变发生，他听到这一消息“发指眦裂”，声泪俱下地说：“国难当头，凡有良心的军人都应该誓死救国！”坚决要求留在国内，与日本帝国主义血战到底。但蒋介石无动于衷，依然逼令他出国。满怀悲愤的吉鸿昌无奈，只好在上海下榻的旅馆墙上，留下了“但使龙城飞将在，不教胡马度阴山”的诗句，一明自己的心志。

赤心爱国的吉鸿昌在美国受尽了民族歧视，有人告诉他，你说自己是日本人，就可以受到礼遇。吉鸿昌怒不可遏，说：“你

觉得当中国人丢脸，我却觉得当中国人光荣！”为此，他还特意做了一枚木制胸卡，上面用英文写着：“我是中国人！”而且随时随处佩戴，直面那些看不起中国人的人们，用我们中华民族的自尊向美国的种族歧视挑战。

吉鸿昌在国外到处宣传抗日，一次在记者招待会上有人问他：“日本有飞机大炮，中国凭什么抗日？”他拍着胸脯愤然回答道：“我们有热血，有四万万人的热血。中国人的愤激已经达到了极点，莫不抱有‘宁为玉碎，不为瓦全’的决心。誓愿牺牲一切，为生存而战！为真理而战！”到了古巴首都哈瓦那，正值那里的华侨集会，纪念孙中山诞辰六十五周年，他应邀在会上做了慷慨激昂的抗日讲演，听罢许多人热泪盈眶，一位华侨高声说：“吉将军，你快回国，把军队整顿起来吧，我们一定做你的后盾！”吉鸿昌听罢激动地说：“我一定不辜负同胞们的热望，誓死把日本帝国主义赶出中国！”说罢泪如雨下，振臂高呼：“打倒日本帝国主义！还我河山！”这时，到场的侨胞也放声痛哭，高喊：“牺牲一切，奋斗到底！”

1932年淞沪抗战爆发，吉鸿昌闻讯提前回国。船到上海，他见到日本军舰正在攻打吴淞炮台，而国民党的军舰却不还一枪。吉鸿昌在甲板上顿足高呼：“放炮啊！放炮啊！”然后对周围的人说：“看！我们的数百万同胞就在那炮火里！”言迄失声痛哭。到了南京，他再次向蒋介石请缨抗日，可是蒋介石却让他在上海办实业，他愤懑至极，抗议说：“我是军人出身，军人的天职是卫国杀敌，不是发财！”

报国无门的吉鸿昌只好采取独立行动，潜至湖北发动旧部起义，蒋介石派兵追击。在万不得已的情况下，吉鸿昌进入苏区，后由苏区至上海，再由上海北上天津。不久即与中国共产党在天津的地下组织取得联系，并于1932年11月加入了中国共产党，从一名旧军人转变为伟大的共产主义战士。

为实现抗日救国的誓愿，1933年5月吉鸿昌变卖家产，购置武器，联合了爱国军人冯玉祥等，在张家口组织起察哈尔民众抗日同盟军，发表“外抗暴力，内除国贼”的声明，并一度收复了张家口以北的大片土地，把日伪军队赶出了察哈尔省。其间他即兴赋诗：“有贼无我，有我无贼。非我杀贼，即贼杀我。半壁河山，业经改色。是好男儿，舍身报国！”天津各界抗日联合会得到抗日同盟军胜利的消息，立即派人赴前线慰问。后来，由于蒋介石想方设法破坏抗日同盟军的爱国行动，致使吉鸿昌因弹尽粮绝而失败。

吉鸿昌潜回天津后并不灰心，又在天津组织了中国人民反法西斯大同盟，在法租界花园路5号家中的三楼，购置印刷设备，印刷出版宣传抗日的刊物《民族战旗》，后来又改名为《华北烽火》《长城》，继续从事抗日活动。

然而蒋介石并未因此而放松对吉鸿昌的迫害，严令特务机关不惜一切手段除掉吉鸿昌。这时的吉鸿昌处境已十分危险，党的地下组织要他撤离，但吉鸿昌考虑到有许多工作还要在天津继续进行，于是先把家眷转移到英租界的牛津别墅，自己则居住在法租界的国民饭店或惠中饭店。

1934年11月9日，国民党特务勾结天津法租界当局，在国民饭店刺杀吉鸿昌未遂，乃将他逮捕。先由法国工部局引渡到天津警察局，然后押往河北蔡家花园51军的军法处。审讯时吉鸿昌正气凛然、义正词严地说："我抗日，是打鬼子、救中国！我做地下工作，是为中国人民求解放！我早已把生死置之度外，想用审讯吓住我，你们想错了！"

几天后，吉鸿昌又被解到北平旃檀寺陆军监狱，蒋介石密令将他就地处决。11月24日军法官到狱中向吉鸿昌宣布判处死刑的命令，吉鸿昌神态自若，他向监刑官索要纸笔，给妻子胡红霞写了一封遗书，安排身后事："红霞吾妻：夫今死矣，是为时代而牺牲。人终有死。我死，你也不必过伤悲，因还有儿女得你照应。家中余产，不可分给别人，留存教养子女等用。我笔嘱矣。

小儿还是在天津托喻先生照料上学，以成有用之才也。家中继母已托二、三、四弟照应教〔孝〕敬，你不必回家可也……”

行刑前，三十九岁的吉鸿昌以地作纸，枯枝为笔，写下了一首感天动地的绝命诗：“恨不抗日死，留作今日羞。国破尚如此，我何惜此头！”然后喝令执行官：“给我搬把椅子来！我为抗日而死，死得光明正大，不能倒在地上。”他坐定以后，又喝道：“我为抗日而死，一生光明磊落，不能在背后开枪！”执行官问他：“那你打算怎么办？”吉鸿昌厉声说：“在我面前开枪！我吉鸿昌要亲眼看着你们是怎样把我打死的！”然后高呼：“中国共产党万岁！”“抗日胜利万岁！”这样一位富贵不能淫，威武不能屈的抗日民族英雄，没有死在日本人的枪口之下，而是死在了民族败类手中，引发了我们太多太多的历史哀痛与沉思。

如今，坐落在花园路的吉鸿昌烈士故居已成为天津市的文物保护单位，在吉鸿昌诞辰一百周年之际，又在故居对面的一块泰山石上树立起吉鸿昌将军跃马横刀的青铜雕像。这一切，作为我们民族的灵魂和骄傲，将永远永远地保存下来，供世人瞻仰。

爱国传承

中国人的脊梁是直的，走到哪里，我们都可以昂首挺胸地告诉别人，我是中国人。吉鸿昌这样高傲的民族气节让小瞧中国的人刮目相看。同样在我们的生活中，即使现在的中国已经进步了很多，强大了很多，但仍有一些人诋毁我们的国家，这时，我们也要像吉鸿昌那样骄傲地告诉他们，我是中国人，我很骄傲。

戊戌变法

百日维新虽然没有改变中国的历史，但也直捣封建制度，给中国带来一股改革之风。

一场激烈的辩论于1898年1月24日在总理衙门的议事厅内展开了。这场辩论就是五大臣：北洋大臣李鸿章，直隶总督、北洋新建陆军将领荣禄，光绪皇帝的教师、户部（清代全国最高财政机关）尚书翁同和，刑部（清代全国最高司法机关）尚书廖寿恒及户部侍郎张荫桓，与康有为之间展开的。

只见李鸿章仔细地打量了一下康有为，看他不过是个乳臭未干的年轻书生，于是就傲慢地说："作为一个读书人就应该知道，祖宗留下来的治国之法是完美无缺的，我们只能遵守执行，你怎能改变它！"

康有为立即反驳说："世界上任何事物都是发展变化的，祖宗之法也是一样。只有改变其中陈旧、腐朽的东西，我们的国家才能富强，才能不被外国所欺辱！”

“难道你就不怕留下不忠不孝的罪名吗？”李鸿章用力一拍桌子，对康有为大声说。

“我搞变法维新，为的是富国强民，怎能说是不忠不孝呢？”康有为对李鸿章只是轻轻一笑，然后接着说道，“大人说祖宗之法不可变，那么祖宗给我们留下来的广阔疆土，如今怎么被洋人一块块地割去了呢？”

李鸿章听到这里，脸一下子红到了耳根，因为《马关条约》等许多丧失领土的条约，都是经他的手签订的，康有为的这句话正中其要害。

这时廖寿恒看到李鸿章理屈词穷，就想转移一下话题，于是他捋着他那几绺小胡子，闭上眼睛摇头晃脑地讲道：“常言道，皇帝乃是天子，臣民必须效忠于他才可兴国安邦。而你却要搞什

么‘立宪’，设什么‘议会’，岂不是不把皇上放在眼里？”

张荫桓此时也在旁边附和道：“对，开设议会后，你们把我们大清皇帝放在哪儿呢！”

康有为听完神色庄严地说：“如今在皇上周围，有许多贪官污吏，瞒上欺下，使朝纲混乱。而‘立宪’，设‘议会’，皇上能直接了解人民的疾苦、国家的安危，从而采取相应的治国兴邦之策。国家富强了，人民生活安定了，皇上自然会受到人民的爱戴而流芳百世。”

康有为一席义正词严的话，直说得廖寿恒、张荫桓二人也无言以对，坐在那里不吭气了。

在这五位大臣中，只有翁同和一直没有说话。他仔细地听着康有为的每一句话，不住地点着头，心里想：“皇上要是能够任用这样一个才能出众的人主持维新变法，我大清可就有希望了。”原来，在这次召见康有为之前，翁同和早就将他了解得一清二楚了。

康有为是广东省南海县人，从小受到严格的封建教育。20岁那年，他到香港一带考察，接触到了一些西方资本主义的事物。他感到只有向西方资本主义国家学习，改革腐败的封建制度，才能使中国走向富强，于是他走上宣传维新变法的道路。从1888年开始到1898年，康有为曾八次上书光绪帝，陈述变法的重要性。其中最重要的一次是1895年4月的“公车上书”。

那时，康有为正在北京参加科举考试，忽然传来签订《马关条约》的消息，康有为愤慨异常，就召集当时在北京应试的

1300人，到都察院（清代全国最高监察机关，同时负责向皇帝提建议）门口示威，反对签订《马关条约》。并由康有为起草“万言书”，要求光绪帝变法自强，抵抗外国的侵略，这就是著名的“公车上书”（因为汉朝时政府用公家车马接送读书人，后来，人们就用“公车”作为举人入京应试的代称。由于康有为等人是举人，这次上书称“公车上书”）。可是由于一些官员的阻挠，这次上书没能成功，然而轰轰烈烈的维新变法运动，却从此揭开了序幕。

“公车上书”不久，康有为和他的学生梁启超一起，组织强学会，创办《中外纪闻》，积极宣传维新变法。清政府中的许多大官像翁同和、文廷式等人也加入了强学会。在北京的带动下，全国各地宣传变法维新的学会、学堂和报刊如雨后春笋般地增多起来。在湖南长沙，由谭嗣同主持的时务学堂就是其中最著名的一个。

翁同和在总理衙门听完康有为与李鸿章等人的“舌战”后，立即来到皇宫，将召见康有为的情况原原本本地向光绪皇帝复述了一遍，最后他又补充说：“日本、俄国在很早以前比中国落后得多，它们都通过变法维新，发展起来。我们为什么不走它们的路呢？”

“哎——”只听光绪皇帝长叹一声，说道：“变法之心，其实我早就有了，可母后她……哎，我身不由己呀！”

原来，自从光绪皇帝四岁登基以来，一直由西太后慈禧垂帘听政，把持国家大权，光绪皇帝就像朝廷里的一件摆设，一点权力也没有。光绪皇帝从小就常受到慈禧的责骂，所以非常害怕她。翁同和似乎看出了光绪的心思，就进一步说道：“如今列强霸占我领土，欺辱我国民，国将不国，难道您想做亡国之君吗？”这句话震动了光绪帝。为了大清帝国的危亡，不能再顾及那么多了，光绪帝下决心要进行维新变法。

1898年6月11日，光绪帝在颐和宫勤政殿，直接召见康有为，封他为总理衙门章京（清代办理文书的官员），主持变法具体事务。因为这一年是中国农历戊戌年，历史上把这次变法运动称为“戊戌变法”；又因为变法从6月11日开始至9月23日失败，一共进行了103天，所以又将它叫做“百日维新”。

爱国传承

康有为是近代中国最早、最有影响力的资产阶级启蒙思想家之一。他的“保国保种保教”的思想在当时有着深刻的现实意义，并且因此带动了一代风气。正是源于他对祖国民族的忧患意识和高尚的爱国情怀，才有了百日维新行动。

詹天佑为国修铁路

一座座桥梁，一条条铁路，连通的不仅是中国大地的交通，更是祖国各地同胞的爱国之心。

詹天佑是中国近代铁路工程专家，他还是中国最早的一位工程师。1872年，年仅十二岁的詹天佑到香港报考了清政府筹办的“幼童出洋预习班”，1878年以优异的成绩完成中学的课程，考取耶鲁大学土木工程系学习铁道工程学。1881年又以优异的成绩毕业于耶鲁大学，并写出题为《码头起重机的研

究》的毕业论文，获学士学位，并于同年回国。

回国后詹天佑入马尾船政前学堂学习，学成后被派往福建水师旗舰“扬武”号任炮手，参加了马尾海战。战后被调入黄埔水师学堂任教习。然而当时的中国，由于封建顽固派极力反对修造铁路，以致英雄无用武之地，被迫改学驾驶海船，耽误了七八年。

1887年，“中国铁路公司”在天津成立。第二年，经留美同学邝孙谋推荐，才得以从事他精通的铁路工程工作，成为了中国第一名铁路工程师。他开始负责修筑塘沽到天津的铁路，仅用七十多天就完成铺轨工程。后又参加修筑天津至山海关的铁路，需要在滦河修一座铁桥，面对英、日、德工程人员建造这座铁桥的相继失败，他毅然挺身承担造桥任务，最后出色地完成了全部工程。詹天佑这一生最大的贡献，在于他成功地修建了京张铁路。

1905年，詹天佑担任京张（北京——张家口）铁路总工程师。这条路穿山越岭，全长200多千米，工程之艰巨为它处所未有。他亲自勘察，选定路线。在北京青龙桥东沟，采用人字形轨道，用两台大马力机车调头互相推挽的办法，解决了坡度大机车牵引力不足的问题。又与工人一起，采取各种措施，解决了隧道工程中渗水、塌方等困难。

京张铁路于1909年竣工，比原计划提前了两年，总费用只有外国承包商索价的五分之一。京张铁路建成典礼后，詹天佑受聘川汉、粤汉铁路会办和总理兼总工程师。辛亥革命后，他任汉粤川铁路会办兼总工程师、督办等，克服了种种困难，修建了从武昌至长沙长达365千米的铁路。晚年编写出版《京张铁路工程纪要》《京张铁路标准图》等工程技术书籍，以及《华英工程词汇》这部我国最早的土木工程辞典。

1919年詹天佑逝世。中华工程师学会为该会第一任会长詹天佑在青龙桥车站建了一座铜像，永远纪念这位杰出的爱国铁路工程师。

爱国传承

“生命有长短，命运有沉升，初建路网的梦想破灭令我抱恨终生，所幸我的生命能化成匍匐在华夏大地上的一根铁轨……”詹天佑在自己有限的生命里，为中国建起了一条铁路，虽然不能如他所愿——为中国建一个铁路网，但他的贡献早已被载入了史册，他的爱国情怀也为后人所景仰。

孙中山的爱国抱负

从小体察民间疾苦，铸就了他一生要为革命奋斗的抱负。

跟许多农家孩子一样，孙中山在童年时就得上山砍柴，年龄稍大一点时，就下田插秧除草，有时还跟他的外祖父出海捕鱼。七岁时进私塾读书，背诵《三字经》《千字文》等中国古书，同时练习毛笔字。十岁他入陆家祠堂，学四书五经。孙中山勤奋求学，成绩突出。

十一岁时，他常在屋子门前大榕树下，听太平天国老兵讲述太平军抗清的故事。清廷腐败，人民群起反抗的事深植在他小小的心灵中。在乡间，他看到女子被强迫缠足的痛苦，看到奴婢被主人随意毒打的残酷，看到乡人聚众赌博的沉沦，看到官兵欺压良民的野蛮，他感到非常伤心和愤怒。他萌发了要到外面世界看看的念头。1879年，十三岁的孙中山随母亲乘轮船到檀香山去找他大哥，他们乘坐的是一艘名叫“格兰诺克”号的两千吨级的铁

壳英国轮船。在轮船的甲板上望着浩瀚的大海，“始见轮船之奇，沧海之阔；自是有慕西学之心，穷天地之想”。自此，孙中山感受到机器的威力和西方科技的发达。

1883年6月，已毕业于夏威夷最高学府的孙中山乘坐轮船返回中国。轮船进入中国海域后，就遇到清朝税吏的勒索，孙中山进一步感受到清朝的腐败。他回到翠亨村后，看到的还是一个苛捐杂税多如牛毛的中国。村民保守，私塾教学仍然沿袭旧规，背诵强记，很少有心智的启迪。1887年正月，孙中山转入香港西医学院就读，时年二十一岁，五年后毕业。当时，香港秩序井然，贪赃纳贿的事绝无仅有。他又听到英国和欧洲政治优良，这一切都是努力经营而得来的成就。因此只有改变政府，才能改良社会。孙中山决定大学毕业后，抛弃医生生涯，从事医国事业。他说：“由此可知我之革命思想，完全得之于香港也。”

1896年9月30日，孙中山由纽约乘船抵达利物浦，10月1日到伦敦，与他的老师康德黎晤面，后被清朝侦探跟踪，再将他挟持至清朝驻伦敦使馆软禁起来。老师康德黎发动舆论力量，才将他拯救出来，这就是有名的“伦敦蒙难记”。孙中山伦敦蒙难的遭遇，获得国际的关注，并成为国际公认的中国革命领导者。

为了确保人身安全，孙中山继续在伦敦居住，并在大英博物馆研读政治、外交、法律、军事、矿产和经济等书籍。在伦敦的研究和社会考察，使孙中山的思想和政治主张有了更大的提升，他的三民主义的思想也更趋完整和成熟。

孙中山是中国伟大的爱国者和民主革命先行者，但他的贡献不仅在中国，也在于全人类，所以他不仅属于中国，也属于全世界。孙中山的三民主义思想体系，是中国政治现代化运动中最关键、最具有突破性的一种指导思想。

爱国传承

孙中山先生一生奔走革命，真正做到鞠躬尽瘁。他的心怀天下感悟于自己对革命的信仰。就如他所说“人生以服务为目的，当有能力为千万人服务时，就要为千万人服务；当有能力为千百人服务时，就为千百人服务；只有能力为一二人服务，就尽力为一二人服务。”这样的信念也让他为建立中华民国执着了一生。

抗日英雄杨靖宇的故事

虽然他的胃里空空无物，但他的心里满是报国热血。

在1940年的2月23日，这是一个大雪纷飞的日子，人民心目中的抗日英雄杨靖宇将军倒下了。一群惨无人道的日本鬼子蜂拥而上，割下了他的头颅，剖开了他的腹部，可是当敌人面对杨靖宇将军的尸体时，完全骇然了，空荡荡的肠胃里，没有一丁点儿食物，支撑着这位钢铁战士的肠胃里竟然只是一些枯草、树皮和棉絮！

1940年2月，杨靖宇将军率领直属部队的一小部分同志在联系大部队的途中被叛徒告密，陷入日寇的重重包围之中。杨靖宇将军带领部队左冲右突，日夜抗战，始终没有甩开敌人。

为了保护有生力量，杨靖宇将军决定只留下两名警卫员跟随自己，利用自己吸引敌人的注意，让在突围中受伤的战士转移。几天后，杨靖宇将军身边仅有的两个警卫员也在下山寻粮途中被

敌人发现，相继遇害。杨靖宇孤身一人与敌人周旋了五昼夜。鬼子劝杨靖宇将军投降，可杨靖宇高声喊道："共产党员宁死不降！为革命牺牲没有什么可惜！"

日本鬼子恼羞成怒，一次又一次地组织火力朝杨靖宇疯狂扫射。终因寡不敌众，杨靖宇将军不幸中弹牺牲。

"头颅可断腹可剖，烈忾难消志不灭。"杨靖宇为中国人民的解放事业流尽了最后一滴血。

爱国传承

杨靖宇的勇敢、担当是值得我们学习的，尤其是在今天这样的社会中，充满了诱惑、退缩，我们一不小心就陷入了与道德背道而驰的陷阱。如果我们也有着杨靖宇一样的报国情怀，坚定不移，相信我们做任何事的决心也不会动摇。

伦巴第的小哨兵

勇敢的小伦巴第人在一棵白蜡树上失去了宝贵的生命，但他的精神永远随着三色旗飘扬。

在1859年6月的一天，伦巴第的一位少年在帮助自己国家的军官时，爬上一棵高大的白蜡树眺望远方观察敌情，不幸被德国士兵的子弹打中左肺而死。

故事发生在1859年的一个晴朗的早晨，伦巴第解放战争期间，法国、意大利军队在索尔弗里诺和圣马诺战斗中击败了奥地利军队。几天后，一小队萨鲁佐骑兵沿着一条僻静的小路缓缓向前，搜索敌情，他们发现有一个十二岁左右的男孩儿正站在一个白蜡树环抱的农舍前。他在用刀削一根小树枝做木杖。农舍中除了他，仅有窗口飘扬着一面三色旗。

军官来到男孩儿面前，问他为什么不和家人一起逃走，男孩儿告诉他自己是一个孤儿，留在这不走是想看打仗。军官向少年打听奥地利军队是否经过这里，少年说还没有。少年接下来要做的事非常重要，他爬上一棵高大的白蜡树眺望远方观察敌情，军官在树下指挥观察的方向。他先在正前方发现两个骑马的人，接着发现在右边墓地附近树林里有闪光的刺刀。这时，一颗子弹带着刺耳的呼啸声掠过上空，消失在农舍后面。

“下来，孩子！”军官叫道。

“我不怕。”

正当他向左边看时，一声更尖锐更低沉的呼哨声划破天空。

“下来！”军官着急地喊着。

“有个教堂，好像看见……”没等他说完，第三声发狂的呼哨声掠过空中，少年头朝下，双臂张开，直直地栽了下来，鲜血从他的左胸流淌出来，少年牺牲了。军官伤心地走到屋前，摘下三色旗，盖在少年的身上。然后拾起少年的鞋帽、木杖和小刀，

放在他的身边。

少年就义的消息在军队中传开，路过的士兵采来鲜花撒在他的身旁，一位军官把自己的勋章佩戴在他的身上，说他是“勇敢的小伦巴第人”。

爱国传承

爱是什么？也许不会有明确的答案，但当我们看到这位少年的英勇行为时，我们已经完成了对于爱的思考。爱是博大的，是无穷的，是一种伟大的力量。如果爱是奔腾的热血，是跳跃的心脏，那么，这就是对于国家的崇高的爱。也许它听起来很像“口号”，但作为一个有良知的人，这种爱应牢牢植入我们的心田。

主题班会：祖国在我心中

【活动主题】感恩祖国，培养爱国主义精神

【活动目的】祖国是所有炎黄子孙的母亲，我们不仅要感恩亲人、朋友，更要感恩伟大的祖国母亲。

【活动日期】______年______月______日

【班级人数】______人

【缺席人员】______人

【活动流程】

1. 说起祖国，我们知道，我们中华人民共和国有很多伟大的人，有很多爱国的人。下面请同学们说一说你搜集到的有关爱国的格言。

（学生自由发言）

爱国主义就是千百年来固定下来的对自己的祖国的一种最深厚的感情。——列宁

我们中华民族有同自己的敌人血战到底的气概，有在自力更生的基础上光复旧物的决心，有自立于世界民族之林的能力。——毛泽东

我们爱我们的民族，这是我们自信心的源泉。——周恩来

2. 学生讲长征故事

(1) 夹金山是红军长征路上翻越的第一座雪山。当地群众说："夹金山是神鸟也飞不过的神山。"老红军战士回忆说：山顶空气稀

薄，不能讲话，只能闷着头走，不管多累，也不敢停下来休息。有的走着走着，不知怎么，倒下来就完了。

(2) 过雪山时，红军伤亡的大多是后勤人员。炊事员们不顾轻装的命令，坚持负重六十到八十磅，锅里还装着米和其他食品。三军团的炊事员在山顶停下来，为抢救病人做姜辣椒汤。他们坚持说："我们不能让任何人死在雪山上。"他们把热汤递给别人，两名炊事员却倒下了，再也没有醒过来。红军到达陕北时，这支部队牺牲了九名炊事员。

(3) 时任六军团军团长的萧克回忆翻越大雪山的情景时说："红二、六军团翻越康藏高原的大雪山，海拔都在四千米以上。左路二军团要翻两个海拔四千米和两个五千米的雪山。六军团也要翻贫水、邯坡两座大雪山，还要过四个小雪山。"

(4) 许世友回忆长征过草地时的情景说："那时最大的困难还是吃饭问题。草地的积水乌黑发臭，闻到就使人恶心，更难以下咽。至于能填肚子的东西就更少了。进草地前，大军云集在人烟稀少、地瘠民贫的少数民族地区，难以筹集到多少粮食；进草地后，尽管大家都很节省粮食，仍坚持不了几天，多以野菜、草根甚至牛皮、皮带充饥。吃这些东西，现在来看是难以想象的，在那时却能燃起一个人的生命之火，不少同志就是靠一把野菜、一根皮带，坚持下来走出草地的。"

3. 欣赏诗朗诵《歌颂祖国》（学生朗诵）

如果让我唱支歌， 我会唱《我爱祖国》；

如果让我绘幅画，我会画《我的祖国》；
如果让我作首诗，我会作《歌颂祖国》。
如今，
我正在写诗。
我要歌颂祖国，歌颂她的美丽。
因为她珍存有万里长城、秦兵马俑；
因为她是苏杭、桂林的母亲；
因为她拥有西双版纳、西沙群岛。
我要歌颂祖国，歌颂她的实力。
因为我们圆了航天梦；
因为我们申办奥运成功了；
因为我们加入了WTO。
我要歌颂祖国，歌颂她的精魂。
因为她哺乳了雷锋、赖宁；
因为她培育了周恩来、邓小平；
因为她造就了司马迁、徐悲鸿。
啊，祖国妈妈！
千万条河川是您飘散的头发，
绵延的山脉是您绿色的血脉，
洞庭湖的水是您那明亮的眼睛，
青藏高原是您硬朗的脊梁，
北京是您跳动的心脏，

桂林山水是您头上的翡翠，

梅树、牡丹点缀的大地是您身上的衣裳。

我愿化作一首诗、一幅画、一首歌，

永远地歌颂着您：

我的母亲——中华人民共和国。

中国龙，腾飞吧，21世纪是你主演的舞台！

4. 班主任讲话，总结本次班会，

在学生们对祖国的祝福中结束本次班会。

Patriotic juvenile

第三章/帕都亚的小爱国者

爱国，是一种坚定的民族精神，是一种振兴中华的责任感。我们青少年要用这种强大的精神力量去描绘祖国未来的宏图，将一片丹心献给祖国。让我们一起向着“心系祖国，健康成长”的目标前进吧！

抗战英雄戴安澜

在中华民族抗战中，戴安澜将军率中国远征军入缅作战，以身殉国，堪称“域外死忠第一人”。

著名抗日将军戴安澜于1923年考入陶行知先生创办的安徽公学高中部。1925年考入黄埔军校第三期步兵科学习，翌年参加了北伐战争。1932年冬，任第25师145团团长，率部移防抗日前线北平。1933年3月，在长城古北口抗击日军。

七七事变爆发后，戴安澜已升任第73旅旅长，先后参加了保定、漕河、台儿庄、中条山诸役。1938年，在台儿庄对日作战中，因战功晋升为第89师副师长，参加武汉会战。1939年1月，升任中国第一支机械化部队——第5军200师师长。12月奉命参加桂南昆仑关战役，苦战一月，毙敌六千，击毙日军前线指挥官第5师团第12旅团旅团长中村正雄少将，写下了抗战史上辉煌的一页，各报记者在国内外报刊上报道大战经过，盛赞戴安澜师长颇具北宋大将军狄青的风度。

太平洋战争爆发后，应美国和英国的一再请求，1942年初，中国组建了中国远征军开赴缅甸。戴安澜奉命率200师作为中国远征军的先头部队赴缅参战，“扬威国外，藉伸正义”。东瓜（亦称同古）是阻止日军北侵的重镇，3月20日，日军向驻守东瓜的第200师各主要阵地发起了进攻。

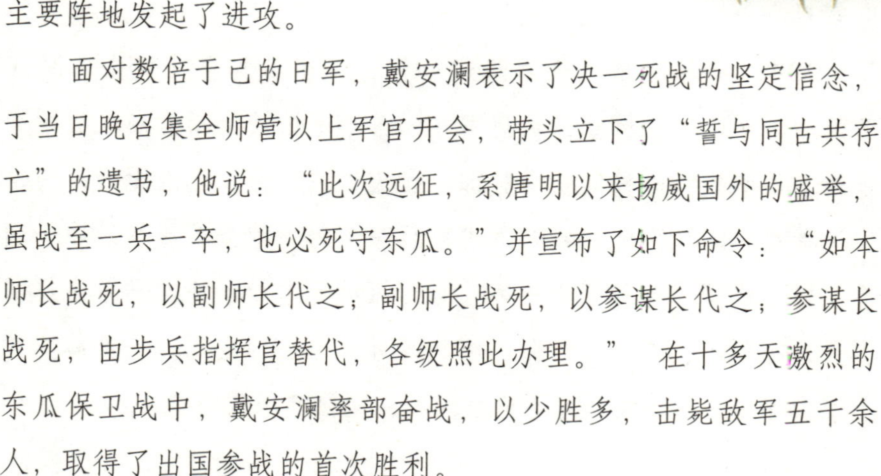

面对数倍于己的日军，戴安澜表示了决一死战的坚定信念，于当日晚召集全师营以上军官开会，带头立下了“誓与同古共存亡”的遗书，他说：“此次远征，系唐明以来扬威国外的盛举，虽战至一兵一卒，也必死守东瓜。”并宣布了如下命令：“如本师长战死，以副师长代之；副师长战死，以参谋长代之；参谋长战死，由步兵指挥官替代，各级照此办理。” 在十多天激烈的东瓜保卫战中，戴安澜率部奋战，以少胜多，击毙敌军五千余人，取得了出国参战的首次胜利。

美国政府认为，东瓜保卫战是“所有缅甸保卫战所坚持的最长的防卫行动，并为该师和他的指挥官赢得了巨大的荣誉。”蒋介石对此的赞誉是：“中国军队的黄浦精神战胜了日军的武士道精神。”英国的《泰晤士报》称之：“东瓜之命运如何，姑且不论。但被围守军，以寡敌众与其英勇作战之经过，实使中国军队光荣簿中增一新页。”连日寇也不得不承认，东瓜之战是缅战中“最艰苦的战斗之一”。

4月21日，戴安澜奉命收复棠吉。24日拂晓，戴安澜率军发起攻击，先后攻占西南北三面高地，并突入市区与敌人展开激烈的巷战，将军亲临前线指挥，战斗至午夜，棠吉被攻克，捷报传来，举国上下无不欢欣鼓舞。然而，由于大批日寇由泰国、老挝边境窜入中国军队后方进行围攻，戴安澜所部陷入日军重围，形势危急，上级急令其突围回国。戴将军率部突围，退入泰、缅老边区原始森林地带，条件异常艰苦，将士们无衣无食，每天只能以野草杂菜充饥，爬山越岭七十余日。

1942年5月16日，大雨滂沱，戴部突遭日军重兵伏击，激战两天后，全师伤亡惨重，戴将军在一个小平山坡上指挥夺取敌军阵地时，不幸被敌军枪弹击中肺部，血流如注，由于无医无药，伤口发炎溃烂。5月26日，第200师进军至茅邦时，戴将军流尽最后一滴血，以身殉国，年仅三十七岁。当时缅境无木棺，将军马革裹尸回国。途经保山、昆明、贵阳、柳州等地，至广西全州，将遗体安放于湘山寺内，沿途民众无不怆然泪下，隆重奠祭戴将军。

爱国传承

“外侮须人御，将军赋采薇。师称机械化，勇夺虎罴威。浴血东瓜守，驱倭棠吉归。沙场竟殒命，壮志也无违。”这是毛泽东为戴安澜所作的挽诗。戴安澜将军不愧为黄浦的精英，民族的英雄，爱国的典范。

李四光科学救国

他不屑于国外优越的条件，毅然地投身到祖国的建设之中。

李四光在农村生活了近十四个年头。从五六岁起，他就在父亲教书的私塾里读书，还要帮着母亲打柴、舂米、推磨、提水……艰苦的生活培养了他刻苦奋斗的精神和坚持不懈的性格。

太平天国革命运动之后，洋务派兴起，湖北办起了许多新学堂，以讲新学而标新立异。李四光被深深地吸引，他只身前去投

考，以优异的成绩被录取。

在新学堂里，他如饥似渴地学习新知识，由于每次考试都是第一名，他被省里选作官费留学生，送到日本学习造船。

李四光在日本度过了七年，在那里，他参加了孙中山先生领导的中国同盟会。

李四光回国后第二年，辛亥革命爆发，他参加了汉口的保卫战，作为新被任命的湖北军政府理财部参议，他亲自组织码头工人和人力车夫运军火、上前线。随后，他被选为湖北军政府实业部部长。正当李四光准备大干一番事业之时，辛亥革命失败了。他发愤专心于科学技术的研究，走“科学救国”之路。他去英国留学，先是学采矿，然后转到地质。他祈盼着有一天，得见政治清明之世，为祖国贡献自己的青春和热血。

留学生活并不轻松。为了维持不断上涨的学费，李四光假期到矿山去做工。在伯明翰大学的六年里，他不仅专业学习成绩优秀，而且熟练地掌握了英语，先后获得了学士学位和博士学位。毕业后，他婉言拒绝了英国一家矿山的高薪聘请，接受了蔡元培先生的邀请，回到祖国，在北京大学地质系担任教授。

爱国传承

李四光从小练就了刻苦奋斗的精神，让他在今后的救国道路上义无反顾。在做革命事业不成功时，他并没有灰心丧气，而是走上了用科学救国的道路，为祖国贡献了自己的青春。在面对国外优越的条件时，他仍不忘祖国的养育之恩。这种知恩图报的爱国精神，是值得我们学习的。

朱自清不领美国面粉

为了民族尊严，他拒绝“赏赐”，也将屈辱挡在了门外。

朱自清是清华大学教授，著名的文学家。抗日战争结束后，美国政府一方面支持蒋介石发动内战，一方面又利用签订条约的办法在中国获取了许多特权，还加紧武装战败国日本，对中国重新造成威胁。当时社会上物价飞涨，物品奇缺，很多人在饥饿和死亡线上挣扎。

人民对美国和国民党政府十分不满，反抗的呼声越来越高。美国为了支持蒋介石，就运来一些面粉，说要“救济”中国人，好让中国人“感谢”美国，不反对它。

朱自清看透了美国的用心，认为美国的救济是对中国人的侮辱。他和一些学者一起，在一份宣言上庄重地签上了自己的名字。那份宣言表示，坚决拒绝美国的“援助”，不领美国的面粉。当时，朱自清正患严重的胃病，身体非常瘦弱，体重还不到

40公斤，经常呕吐，甚至整夜不能入睡。拒领救济面粉意味着每月生活费要减少600万法币，生活更加困难。可是为了维护中国的民族尊严，坚决拒绝那些别有用心的“赏赐”。他在日记中写道：“坚信我的签名之举是正确的。因为反对美国武装日本的政策，要采取直接的行动，就不应逃避自己的责任。”

两个月后，朱自清因贫病交加，不幸去世。他宁肯挨饿而死，也不肯领带侮辱性的“救济”，表现了一个中国人应有的尊严。

爱国传承

饥寒交迫、贫病交加，没有让他屈服于列强的糖衣炮弹下，他不接受带有侮辱性的“赏赐”，宁愿选择继续挨饿下去。这样的骨气正是中华儿女的铮铮铁骨，死可以重于泰山，也可以轻于鸿毛，但苟且地活着，则是最大的屈辱。朱自清的骨气让我们看到中华民族的精神。

世界船王包玉刚

"世界船王"一举"登陆"，并牢牢地掌握了陆地的控制权！

包玉刚小时候在上海求学，他上大学时，正遇上日寇侵略中国，书是没法读下去了。他先是到衡阳一家银行当职员，后去重庆中央信托局工作。许多人都认为，凭借包玉刚的业绩和才干，再奋斗几年，行长的交椅一定会是他的了！

然而就在这时，包玉刚却出人意料地向行长呈上了辞职书，说他的兴趣不在银行方面，而在其他方面。他和父亲一起放弃了在上海的事业，全家迁往香港，靠着多年积蓄下的一点钱，去闯天下了。

开始，他与父亲合伙，做进出口生意。后来，他看中了航运生意，他对父亲说："航运是世界性的业务，资产可以移动，范围涉及很广。"父亲最后还是同意了包玉刚的意见。

1955年，三十七岁的包玉刚开始了他的"船王"之梦。可是，凭他们包家当时的资金，连一艘旧船都买不起。他专门去了一趟英国，想向一个很谈得来的朋友借钱。可是那个朋友一听说他要借钱买船，就变得像个陌生人一样。不肯帮忙也罢了，他还抖了一下包玉刚的衬衣，讥讽地说："玉刚兄，你年纪还轻，对航运一无所知，小心别连衬衣都赔进去！"这大大地刺伤了包玉刚的自尊心，他暗暗发誓一定要干出一番大事业来。

包玉刚两手空空回到香港，只好向香港汇丰银行贷款。可是汇丰银行对航运业不感兴趣，他们认为航运的风险太大，这些船老板不知道哪天就会被风暴刮成穷光蛋，甚至落到什么荒岛上去做"鲁滨孙"！而华人根本不懂航运，借钱给他们去买船，那风险就太大了——银行业的原则是不搞风险投资的！连连碰钉子的包玉刚并不气馁，他转身就去了日本。有趣的是，日本银行竟没有要他找日本公司作担保，就同意贷款给他。这样，包玉刚才凑足了77万美元，再次前往英国，买下了一艘以烧煤为动力的旧货船，这艘船已经使用了二十八年，排水量也只有8200吨。包玉刚看着这艘小山一样的旧船，却像得了稀世珍宝一样，请人将它整修油漆一新，并且取名为"金安号"。他说，这个名字，象征着他对经营航运业的设想和构思："金"字表示要赚钱，而"安"字表示要稳中求胜。

当"金安号"从英国驶向香港，途经印度洋的时候，包玉刚已经办好了两件事：一是成立了"环球航运集团有限公司"，二是与日本一家船舶公司谈妥，将"金安号"转租给这家公司，从印度运煤到日本。包兆龙看着儿子坐在香港的沙发中，就安排好了这一切，也不能不佩服儿子的能耐。这艘他还没见过模样的船，就已经开始为包家赚钱了！

包玉刚确实赶上了一个发财的好机会。他买下“金安号”的第二年，由于苏伊士运河因埃及战争而关闭，航运费用猛涨。当年年底，“金安号”赚的钱，就已经够包玉刚买下7艘新船了！到了1957年的下半年，航运业出现萧条，运价跌到最低点，那些搞短期出租的船主，每天都要赔老本，只有包玉刚可以凭着合约

稳收租金。事实证明他这个“门外汉”的经营策略是最好的经营策略。人们不得不承认，包玉刚的运气和眼光都是一流的！

在包玉刚的精心经营下，环球公司的船队迅速壮大，1980年达到巅峰，船数达到200多艘，总吨位达2000万吨。国外报纸上都以大量篇幅介绍包玉刚，用的标题是《比奥纳西斯和尼亚科斯都大——香港包爵士》。第二年，包玉刚的船队总吨位达到2100万吨，比当时美国和苏联的国家所属船队的总吨位还要大，成为了名副其实的“世界船王”！

爱国传承

包玉刚功成名就，他所受到的尊重，远远超出了实业界的范围。尽管包玉刚有如此显赫的威望，但数十年来，他一直遵循着父亲的教诲：“脚踏实地地工作，平易近人地待人，身体力行地做事。”选择将生意做大、做强，举世闻名，这也是爱国的一种表现。

忠贞不屈的使者——苏武

一根使节经历了二十余载的风雨，风雨洗刷掉了上面的绒毛，却洗刷不去苏武心中的爱国情操。

从秦朝到汉朝，北方边境上和匈奴的战争几乎没有停止过。到了公元前100年，且鞮侯做了匈奴单于。他把过去扣留的西汉使者都送了回来，想同西汉政府讲和。汉武帝也派了中郎将苏武带着张胜、常惠两名副手和许多礼物去慰问且鞮侯单于。

在苏武出使匈奴以前，有一个叫卫律的汉朝使者投降了匈奴，被封为丁灵王。卫律的副手虞常虽然跟着卫律投降了匈奴，可心里一直想返回汉朝家乡。他和苏武的副手张胜原来是朋友，这回两人见面，就偷偷地商量，打算杀了卫律，一同回去向汉武帝请功。没想到这件事走漏了风声，单于就把虞常抓了起来。苏武本来不知道这件事，可是单于却借着这个事由把苏武也扣押起来，还派卫律去劝他投降。

苏武听说了，就对手下人说："丧失气节，污辱使命，就算活着，还有什么脸面见人呢？"他一面说，一面拔出宝剑朝自己心口刺去。卫律赶紧抱住苏武的胳膊，可是苏武已经受了很重的伤，满身是血倒在地上，经过医生长时间的抢救，才苏醒过来。单于十分钦佩苏武的气节，等苏武伤好后，他又派卫律去劝苏武投降。卫律当着苏武的面，先杀了虞常，又对张胜说："你犯了死罪，要想活命，就得投降。"

张胜贪生怕死，投降了匈奴。卫律回过头来对苏武说："你的副手有罪，你也得连坐。"苏武说："我既不是同谋，又不是他的亲属，为什么要连坐？"卫律拔出刀来威胁苏武，苏武挺着脖子，脸上毫无惧色。卫律一看硬的不行，又来软的。他对苏武说："你看我投降了匈奴，单于封我为王，给我几万个手下人和满山的马群。你今天投降，明天就能和我一样，何必这么固执，白白地丢了命，尸首丢在野地里，有谁知道呢？"

苏武再也忍不住了，他站起来，指着卫律，义正词严地说："卫律，你本是汉人的儿子，汉朝的臣下，你忘恩负义，背叛了父母之邦，厚颜无耻地投降了敌人，亏你还有脸跟我说这些话！告诉你，我决不会投降，你杀了我，将来你也没有好下场！"

卫律劝降失败，单于又换了一个办法，他要用艰苦的生活摧垮苏武的意志。他把苏武关在一个地窖里，不给他吃的、喝的，苏武就用雪水解渴，用地窖里的旧皮带和羊皮充饥。

单于见苏武仍不屈服，就把他流放到北海（现在俄罗斯的贝

加尔湖）去放羊，对他说："什么时候公羊能生小羊了，就放你回去。"苏武在北海整整生活了十九年，他始终没有忘记自己是汉朝的使者，手里总是握着那根代表汉朝朝廷的使节（使节是一根七八尺长的棍棒，顶部略弯，挂着一串串绒球，是用来表示使者身份的）。经过多年的风吹雨淋，使节上的绒球都掉光了，成了一根光秃秃的棍子，可是他在白天仍然拿着使节放羊，晚上抱着使节睡觉。在他的心目中，这根光秃秃的使节，就是国家的象征，就是父母之邦的象征。

就在这十几年里，汉朝和匈奴之间又发生了几次大的战争，汉朝的将军李陵被匈奴俘虏后，也投降了匈奴。单于听说李陵和苏武原来是好朋友，又派李陵去劝说苏武投降。李陵来到北海，对苏武说："你反正也不能回到汉朝去了，白白在这么荒凉的地方受苦，不管你有多么忠心，有谁知道你呢？再说，你的母亲和两个弟弟已经死了，妻子也改嫁了，剩下的亲人也不知道流落何方，你这么苦地熬着，究竟是为了什么呢？”

苏武回答说：“我从小就决心报效国家，就是肝脑涂地，碎尸万段，也在所不辞，请你不要再说了。”

李陵仍不死心，他说：“我是为你着想啊，请你再好好考虑一下吧。”苏武站起来说：“你如果硬逼着我投降，我就死在你的面前！”苏武的浩然正气，使李陵感到非常惭愧，他叹着气说：“你真是忠义之士，我和卫律都是万恶不赦的罪人啊！”

公元前82年，壶衍鞮即位做了匈奴单于，他派使者到汉朝去，请求同汉朝讲和。这时候，汉武帝已经死了，汉昭帝同意跟匈奴和好，但是要求匈奴释放苏武等人。被匈奴整整扣押了十九年的苏武，终于回到了自己的祖国。苏武出使匈奴的时候刚刚四十岁，等他回国时，已经快六十岁了。当初他带往匈奴的随从人员一共有一百多人，最后只有九个人同他一道回来。

苏武进入长安的那一天，长安城里的老百姓都出来观看。他们见苏武须发皆白，手里仍然十分庄重地握着那根已经光秃秃的使节，都感动地流下了热泪。

爱国传承

千百年来，苏武的故事一直在我国民间广泛流传。南宋末年的民族英雄文天祥曾经写出“在齐太史简，在晋董狐笔，在秦张良椎，在汉苏武节”这样的诗句，用来赞扬苏武忠于祖国、威武不屈的崇高气节。后来，有人还把苏武的故事谱写成曲子，这首苍凉悲壮的《苏武牧羊》，在中国近代一百多年的斗争中，曾经激励了无数仁人志士，为挽救中华民族的危亡，抛头洒血，奋斗不息。

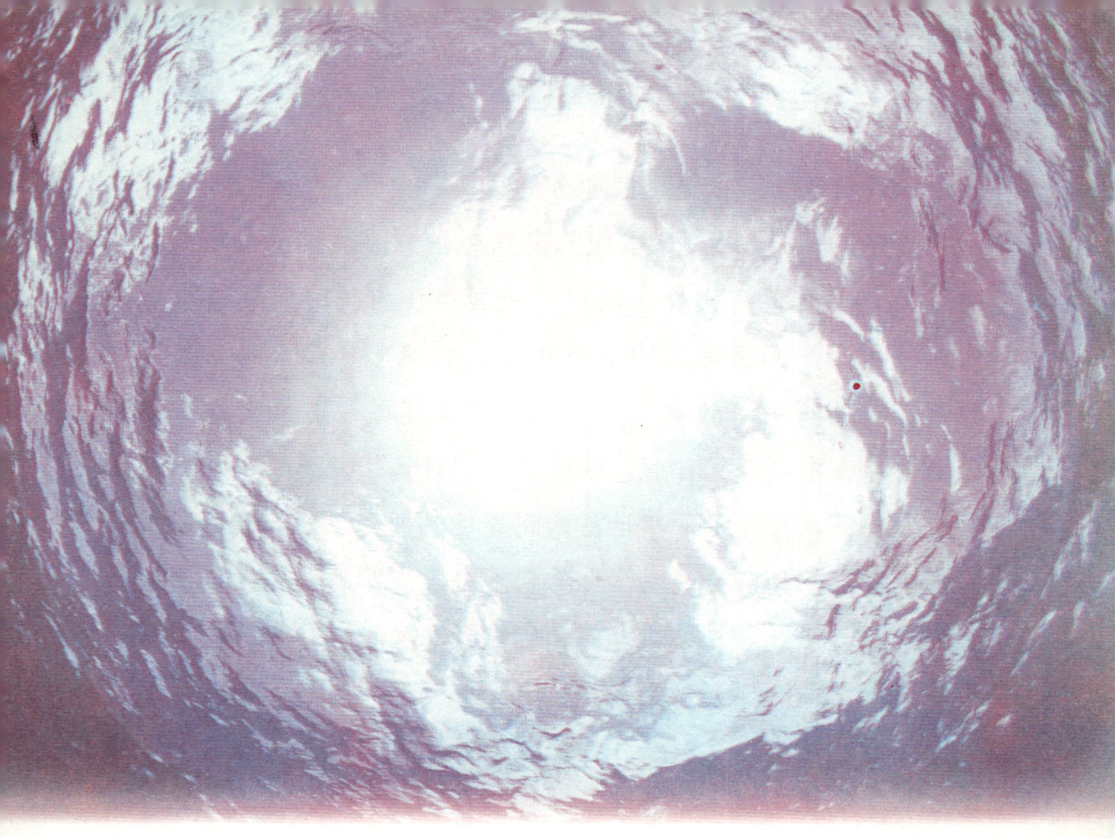

邓世昌献身大海的爱国故事

爱国主义是民族之魂，邓世昌与士兵们同殉大海，彰显了一代海疆英魂。

自古以来，牺牲在战场上，一直是爱国军人引以为傲的志向，特别是那些明知死在眼前仍勇敢赴难的人，更令人崇敬。在中日甲午海战中牺牲的邓世昌就是这样的人。

邓世昌是我国最早的一批海军军官中的一个，是清朝北洋舰队中“致远”号的舰长。他有着强烈的爱国心，常对士兵们说：“人谁无死？但愿我们死得其所，死得值得！”1894年，中国和日本之间爆发了甲午战争。邓世昌多次表示：如果在海上和日舰相遇，遇到危险，我就和它同沉大海！

这年9月的一天，日本舰队突然袭击中国舰队，一场海战打响了，这就是黄海大战。战中，中国担任指挥的旗舰被击伤，大旗被击落，邓世昌立即下令在自己的舰上升起旗帜，吸引住敌舰。他指挥的“致远”号在战斗中最英勇，前后火炮一齐开火，连连击中日舰。日舰包围过来，“致远”号受了重伤，开始倾斜，炮弹也打光了。邓世昌感到最后时刻到了，他慷慨激昂地对部下说：“我们就是死，也要壮出中国海军的威风，报国的时刻到了！”他下令开足马力向日舰吉野号冲过去，要和它同归于尽，这种大无畏的气概把日本人吓呆了。

不幸一发炮弹击中了“致远”号的鱼雷发射管，管内鱼雷发生爆炸导致“致远”号沉没。二百多名官兵大部分牺牲。邓世昌坠身入海，随从抛给他救生圈，他执意不接，爱犬“太阳”飞速游来，衔住他的衣服，使他无法下沉，可他见部下都没有生还，狠了狠心，将爱犬按入水中，一起沉入碧波，他献出了宝贵的生命，享年四十五岁。

爱国传承

我们中华民族千百年来，虽然屡遭外敌入侵、权奸窃柄，历尽万千劫难，而至今依然维系着国家的统一、主权的独立，其重要原因在于我们这个民族具有强烈的民族气节与优良的爱国传统。这些英烈的事迹，有助于我们弘扬民族的爱国精神，造就一代又一代的“四有”新人。

红衫军

这个叫加里波第的汉子不得不被迫流亡南美，可他坚持正义、追求自由的信念从未动摇过。

南美洲各国于1843年燃起争取独立、自由的战火。乌拉圭共和国成立不久，首都蒙得维的亚城就被阿根廷军队包围。围城军队发出通令，要求城中所有外国侨民必须出城投降，不然的话，将被视为持武器对抗者，成为阿根廷军队攻击的目标。

通令却使阿根廷军队倒了大霉。几天后，蒙得维的亚城杀出一支穿红衫、打黑旗的军队。尽管这支军队人数不多，作战却异常勇猛，并灵活地袭击阿根廷军队。

奇怪的是他们的黑旗上绣的是一座正在喷发的火山。原来组成这支军队的正是城中的外国侨民，他们绝大部分是为争取意大利统一而斗争的爱国志士，因为斗争失败而流亡南美。旗帜的黑色表达了他们因祖国被异族控制、遭受苦难的悲愤，绣的火山就是意大利维苏威火山，火山的喷发象征他们为自由而奋斗的激情。这些爱国志士怎么能忍受出城投降的羞辱呢，就组织起自己的武装与城内居民共同战斗。

因为时间匆促，找不到合适的布料，他们用原本提供给屠宰场工人专用的红布做了服装。

这支军队的首领是一个模样精悍、三十多岁的硬汉。他十六岁当了海员，二十六岁参加了意大利统一斗争，因筹划海军起义未成功，当局将他列为“头号暴徒”缺席判处死刑。

他率领的红衫军取得了胜利。从此，加里波第率领的这支“红衫军”，成为了南美各国独立解放战争中一支能征善战的著名武装部队。

爱国传承

红衫军不是一支正规的武装部队，而是流亡在外的爱国人士。虽然他们远离了故土，但他们为祖国斗争的意志还没有磨灭。正是这样一支看起来不太正规的队伍在独立解放战争中做出了巨大的贡献。

帕都亚的小爱国者

爱是亘古长明的灯塔，它定睛望着风暴却兀自不动，爱就是充实了的生命，正如盛满了酒的酒杯。小男孩正是心中充满了爱，让他在这样恶劣的环境之中都没有减少对祖国爱的分毫。

有一艘法国轮船从西班牙的巴塞罗那出发，驶向了热那亚。船上有法国人、意大利人、西班牙人和瑞士人，其中有一个十一岁的男孩子，衣衫褴褛，孤零零的一个人。他总是远离人群，像头野兽般用阴郁的目光打量着周围的一切，他令人不快的外表背后有一段辛酸的经历。

两年以前，他那在帕都亚的近郊当农民的父母把他卖给了戏班子。戏班里的人对他又打又骂，还常常不给他饭吃，教他学会了几套把戏。然后，他们带上他在法国和西班牙卖艺为生，他常常挨打，没吃过一顿饱饭。

到了巴塞罗那以后，他再也忍受不了这种饥饿和虐待，他受够了这种非人的待遇，于是逃到意大利领事馆寻求帮助。领事出于同情心，让他上了这艘船，请求守卫官把这个男孩子送还给他亲生的父母。这个可怜的孩子穿着破烂，人也虚弱不堪，他被安顿在二等舱里。舱里每个人都盯着他看，有人还问他一些问题，可他什么也不回答，他似乎厌恶憎恨每一个人。贫困和苦难折磨着他，他无法不悲伤。然而尽管如此，有三位旅客锲而不舍的提问终于让他开口说话了。他用一种夹杂着威尼斯口音、法语和西班牙语的不规范的语言大略讲述了一下自己的故事。这三位旅客虽然不是意大利人，可他们还是听懂了。一半出于同情，一半由于酒精的刺激作用，他们给了他几枚硬币，逗弄着他再多讲点什么。此时，有几位女士走进来了，于是他们就更起劲了，又给了他一些钱，以此来夸耀自己的大方。他们一边大声对那孩子说："拿着这个！再拿着这些！"一边把钱币扔在桌子上。

男孩子把钱装进口袋，用低低的声音谢了他们。他脸上虽然还有着忧伤，却第一次露出了感激的笑容。然后他爬回了自己的床位，拉上了围帘，默默地躺下想自己的心事。有了这些钱，他就可以在船上买些好吃的东西了，他已经有两年的时间没能吃上一顿饱饭了；他还可以在船到达热那亚的时候买上一件夹克衫，这两年来，他就一直是这么衣衫褴褛地四处流浪的，他还可以把这一点钱带回家，这总比两手空空地回到家要好很多，他的父母对待他就会热情一点了，这些钱对他来说真算得上一笔不小的财产呢。就在他这么躺着自得其乐的时候，那三位旅客正围坐在二等舱的大厅餐桌边闲聊。

他们一边喝酒，一边聊着各自的旅行和所到过的不同国家，谈着谈着，他们说到了意大利。起初，他们中有一个抱怨意大利的旅馆，另一个抱怨意大利的铁路。酒愈喝愈多，他们的话语就开始不堪入耳了。一个说与其到意大利，还不如到北极去的好，另一个说意大利住着的都是混混、土匪，竟然还有一个说意大利的官吏都是目不识丁的文盲。

“这真是个愚昧无知的国家。”第一个人说。

“一个肮脏不堪的国家。”第二个人加上一句。

“强——”第三个人想说“强盗”，可没等他说出口，一枚枚硬币就像冰雹般打在他们的头上和肩上，撒落在桌上和地上。三个人跳了起来，抬头望去，又一把硬币向他们劈面砸来。

“拿走你们的臭钱！”那个男孩子把脑袋从围帘里探出来，高傲地对他们说，“我不接受侮辱我们国家的人的施舍！”

爱国传承

小男孩很需要那一笔钱，他可以用这些钱好好吃一顿饱饭，还可以拿回家孝敬爸爸妈妈。可就在他听到赠予他钱的人在诋毁自己的国家时，他果断地放弃了这些物质条件，选择了捍卫自己国家的名誉。

吴玉章奋勇挂国旗

挂国旗在别人眼里是一件微不足道的事情，但在他眼里这是一件关乎国家荣辱的大事。

我国的老革命家吴玉章，从小就有着很强烈的民族自尊心。年轻的时候，他去日本留学，在一所学校里读书。

1904年元旦那天，学校把世界各国的国旗都挂出来庆贺，可是没挂中国国旗。吴玉章气愤极了，带着中国学生找到校方负责人，提出抗议说："为什么不挂中国国旗？学校如果不道歉，不纠正错误，我们就罢课，绝食。"

校方不满意地说："平日里我们对你那么好，知道你家经济困难，我们不催你缴学费，还发给你零花钱，你为什么带头反对学校？"

吴玉章严肃地说："学校对我好，我很感激。但是挂国旗这件事是关系国家荣辱的大事，我不能不誓死力争啊！”校方只好承认了错误。

十年以后，吴玉章已经成为一个革命家了。有一次出国，他坐在日本的轮船上，正好又赶上1914年元旦，船上挂起万国旗庆贺，仍然没挂中国国旗。吴玉章记起十年前的那件事，痛心地想：祖国贫弱，政府无能，被外国人瞧不起，挂国旗也想不到中国！可我是中国人，能眼看祖国的尊严受到伤害却视而不见吗？于是，他毫不犹豫地带领船上的中国同胞向船长提出抗议。船长见中国人这样爱国，又这样齐心，慌忙赔礼道了歉，挂上了中国国旗。

爱国传承

历史给我们以启迪：一个走向世界的民族，必须自尊自立，自信自强；未来给我们以召唤：一个走向世界的民族，必须胸怀宽广，博采众长，才能以昂然身姿挺立于世界民族之林。中国的少年，加油！

为了给天下人谋幸福

他用两封诀别信昭示了自己为国牺牲的决心，用自己的生命换来了别人的幸福。

林觉民是黄花岗七十二烈士之一，他出身于富贵家庭，为了推翻清朝的封建统治，他抛妻别子，离开了幸福的小家庭投身了革命。为了国家繁荣昌盛，民族振兴，他参加了孙中山领导的广州起义，不幸在攻打总督署的时候，中弹受伤被捕，最后牺牲了。

林觉民在起义前就做好了牺牲的充分准备，在攻打总督署的前三天夜里，他给父亲和妻子分别写了一封诀别信。给父亲的信里这样写道："儿死矣，惟累大人吃苦，弟妹缺衣食耳，然大有补于全国同胞。"给妻子的信中这样写道："吾自遇汝以来，常愿天下有情人都成眷属。然遍地腥云，满街狼犬，称心快意，几家能够……吾充吾爱汝之心，助天下人爱其所爱，所以敢先汝而死，不顾汝也。汝体吾此心，于啼泣之余，亦以天下为念，当亦乐牺牲吾身与汝身之福利，为天下人谋永福也。”

林觉民怀着对爱妻深深的眷恋，写下了这封诀别信。从中，我们看到了一个革命者的高尚情怀，牺牲个人的幸福换来天下人的幸福，这才是最大的幸福。

爱国传承

在国难当头时，他们指挥千军万马，驰骋在刀光剑影的疆场，勇气可钦可敬，事迹可歌可泣。正如林觉民为妻子写的诀别信一样，他牺牲了自己及家人的幸福，换来的却是天下人的幸福。这样的胸襟值得我们赞赏与钦佩。

巾帼英雄秋瑾

在中国历史的进程中，武昌首义居功至伟，其中的英雄留给荆楚儿女无上的光荣与骄傲，更馈赠给我们一笔宝贵的精神财富。

打开记忆的闸门，翻开尘封了百年的1911年10月10日那一页，我的耳边仿佛听到了武昌城头的激烈枪声，眼前似乎重现了以孙中山先生为代表的一批仁人志士，聚集在“振兴中华”的旗帜下，为挽救积贫积弱的旧中国，奔走呼号，前仆后继，血洒街头的壮烈情景。其中不得不提的是女中豪杰秋瑾。

1893年，秋瑾全家因父亲升官而迁往湖南。三年后，秋瑾与当地人王廷钧结婚。王廷钧出身富豪，纨绔子弟一个，与秋瑾的志向大相径庭，他不但不理解和支持秋瑾，而且还斥责她。当

时，北方爆发了义和团运动，帝国主义列强为了瓜分中国，疯狂镇压中国人民的爱国斗争，大举出兵占领了北京、天津，还迫使清政府签订了屈辱的《辛丑条约》。秋瑾听到这个消息后，非常难过，痛恨自己不能果断地去参加保卫祖国的战斗。

两年后，王廷钧买了一个官衔，与秋瑾来到遭受浩劫的北京。望着国破山河碎的局面，秋瑾难平心中的忧伤和愤慨，她开始广泛阅读宣传新思想的书籍，并与同样对祖国命运忧心忡忡的朋友来往密切，一起探讨一条救国的道路。

1904年，秋瑾终于冲破家人的百般阻挠，到达日本。在东京，秋瑾和进步人士接触，学习了很多知识，明白了许多革命道理，思想更为成熟，性格更加刚毅。第二年夏天，秋瑾回国加入了革命组织光复会。1905年8月14日，秋瑾在东京加入了中国同盟会。此后，秋瑾自命名号为“鉴湖女侠”，四处奔走，发展同盟会，积极为斗争做准备。

1907年，秋瑾在家乡绍兴与徐锡麟成立了“光复军”，决定7月6日在安徽和浙江同时起义。但是计划被泄露了，清政府大肆捕杀革命志士，先是徐锡麟壮烈牺牲，之后秋瑾也被捕了。面对敌人的威逼利诱，秋瑾高昂着头，正气凛然地说：“革命党人不怕死，要杀便杀！”

7月15日，秋瑾在绍兴轩亭慷慨就义，她是中国第一个为推翻清朝卖国政府而流血牺牲的女英雄。

爱国传承

一个世纪过去了，革命先贤们的业绩铸就了不朽的史诗，他们的抱负在后人手中已经变成了现实。先贤们曾经生活和战斗过的这块土地已经发生了翻天覆地的变化。今天的我们应该牢记先贤的教诲：“故今日之责任，不在他人，而全在我少年。少年智而国智，少年富则国富，少年强则国强，少年独立则国独立，少年自由则国自由。”

改革家梭伦

雅典是古希腊的一个重要城邦，它的强盛与梭伦有着密切的关系。

公元前600年的一天，在雅典的中央广场，有一位三十岁左右的男子在如痴如醉地大声念诗，一面还用双手不停地捶打着自己的胸口。人们出于好奇，都围上来观看，只听他狂热地念道：

“啊，美丽的萨拉米，你使我们着迷。
自从你同我们分离，
我们一刻也没有忘记你。
起来，让我们向萨拉米进军。
我们要将雅典人身上的耻辱血洗！
啊，让萨拉米回到我们手里！”

人群愈聚愈多，有人认出他来了：“这不是诗人梭伦吗？”“他胆子真够大，这几天连续在这里公开朗诵收复萨拉米岛的诗句。”“瞧他那个模样，肯定是疯了，不然当局早把他抓起来判处死刑了。唉，可怜的梭伦。”

为什么公开提出收复萨拉米岛要被处死呢？原来，不久前雅典与邻邦麦加拉争夺萨拉米岛，雅典惨遭失败。在雅典人中，蔓延着一股厌战的情绪，因而当局制定了这样一条法令，谁要是再谈论这件事，就要处以死刑。

梭伦出身于贵族家庭，是雅典最有名的诗人，早年经商，十分富有。他知道萨拉米岛地处雅典出海口，对雅典的海外贸易极其重要。他曾经从历史传统、风俗习惯考证萨拉米岛本应属雅典所有。他对当局的这种懦弱行为深感不满。于是，他想出了一个巧妙的方法：即装作精神失常的样子，到广场上朗诵自己的诗篇。这样既能

逃避不公正的法令，又能激发起雅典人的爱国热情。

这一举动果真有效，禁令被废除了，与麦加拉的交战又开始了。梭伦因为勇敢而被推举为指挥官，他再一次展示了他的聪明才智。他让一些雅典青年男子身藏短剑，装扮成风流女郎，在海滩上嬉戏玩耍；又派人前去引诱麦加拉人离开萨拉米，到海滩去俘获这些“女郎”，然后乘机率军夺取了那个岛屿。梭伦一下子声望大增。不久，他被选为雅典的执政官。

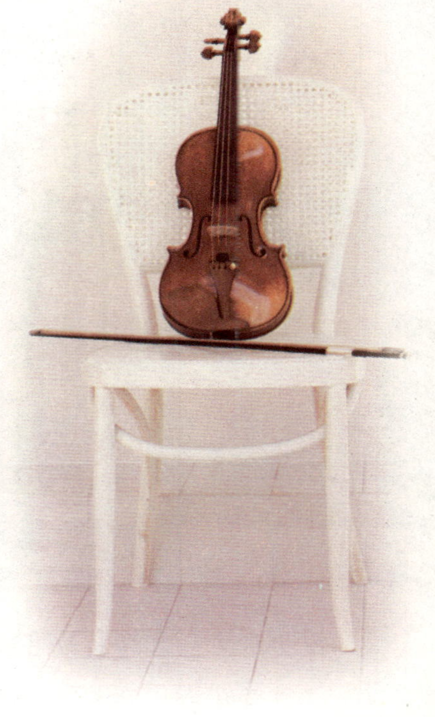

公元前六世纪的雅典，正处在一个动荡不安的时期。贵族富人占有最好的土地，贫苦农民由于还不起债而成为奴隶，广大平民则被剥夺了政治权利。梭伦在一首诗中描述道：“灾祸走进了每一家，院门也挡不住它；它飞过高墙，即使主人逃到屋子的角落里，它也还是能把他找到。”

所有雅典人把希望寄托在梭伦身上。富人愿意让他执政，是因为他是富裕的；穷人也愿意让他执政，是因为他是诚实的。

梭伦经过深思熟虑，终于推出了他的改革方案。

公元前594年的一天早上，成千上万的雅典人来到雅典的中央广场，他们中间有贵族、奴隶主，更多的是农民、手工业者。

因为这天，首席执政官将要在这里宣布一项重要的法令。

梭伦登上讲坛，走到一个大木框的前面。只见他用手轻轻一按，架在木框中的一块木板翻过身来，木板上刻的一项新的法律条文，立刻吸引住了众人的目光。

“根据新的法律规定，所有人欠的债务一律解除！”梭伦指着木板高声说道，“从现在开始，由于欠债而卖身为奴的公民，一律释放！所有债契全部作废，被抵押掉的土地归还原主！因欠债而被卖到外邦做奴隶的公民，由雅典城邦拨款赎回！这项新法律的有效期为一百年！”

广场上立刻欢声雷动，特别是那些欠债的农民，更是大声地欢呼叫好。当然，贵族、财主们不高兴了。梭伦作出了榜样，他带头放弃了别人欠他父亲的一大笔钱，并鼓励富人们也这样做。

梭伦还采取了一系列措施来发展生产，振兴雅典。他规定：奖励人们植树造林、开凿水井；打死一只危害家畜的狼可得相当于五只羊的奖励；如果父亲没有教会儿子一门谋生的手艺，就不得强迫儿子赡养他；外来移民中，熟练的工匠可以优先取得雅典的公民权。

在政治方面，梭伦把雅典公民划分为四个等级。谁的财产多，谁的等级就高，享有的政治权利也就越多。第一等级的公民，可以担任执政官、国库官等最高的职位；第二、第三等级的公民，可以担任一般官职；而贫穷的第四等级公民，则不能担任任何官职。他还规定：雅典所有成年的公民，无论贫富，都有参加公民大会的权利，城邦的所有领导人都由公民大会选出。

梭伦的这些改革措施，创立了新的政治制度和国家机构，奠定了雅典民主政治的基础。同时，他的改革改善了广大平民的经济地位，缓和了阶级矛盾，促进了社会生产力的发展。

梭伦在任职期满后，便放弃全部权力，离开雅典远游去了。公元前560年，这位古代民主政治的奠基者溘然长逝。他的遗体被焚化，骨灰撒在他曾为之战斗过的萨拉米岛上。

爱国传承

梭伦改革后一百年，雅典终于成为一个经济繁荣、国力强大、政治民主、文化昌盛的国家。为了国家奋斗一生的人民英雄是值得敬仰的。梭伦为雅典的付出也一直为后人传颂，他为雅典的兴盛做出了伟大的贡献。

主题班会：天下兴亡，匹夫有责

【活动主题】庆祝中华人民共和国成立______周年

【活动目的】1. 使学生树立民族自尊心、自信心和自豪感，树立与祖国休戚与共，血肉相依，为国献身的意志。

2. 了解社会主义伟大建设的成就，使学生更加热爱祖国。要建设好祖国，就一定要努力学好科学文化知识，练好建设祖国的本领。

【活动日期】______年______月______日

【班级人数】______人

【缺席人员】______人

【活动流程】

1. 主持人宣布《天下兴亡，匹夫有责》主题班会开始。

主持人引出活动的内容：

甲：滔滔黄河，掩不尽浩浩中华魂，

乙：巍巍泰山，锁不住阵阵中华风。

甲：又是一年秋风送爽时，

乙：又是一轮花好月圆日。

甲：走进十月，我们用一样的眼神凝望金秋，

乙：投入国庆，我们有一样的感慨发自肺腑。

甲：此时此刻，全中国都在欢呼，全世界都在雀跃，

乙：亿万中华儿女心潮澎湃，所有的炎黄子孙无数次从心底发出呐喊——中国、中国（大家合声）。

播放音像资料（大合唱：大中国）

2. 放映音像资料回顾历史

把活动前准备好的关于9·18事变、南京大屠杀、七七卢沟桥事变的音像资料放映出来。

亲爱的同学们看了这些图片，听了这些讲述，你的感想如何呢？

3. 诗朗诵：我爱我的祖国（配乐）

甲：我们的祖国经历了种种磨难之后，英勇不屈的中国人民又重新站立起来了，昂然屹立在世界民族之林。

乙：改革开放的春风带来了古老民族的灿烂新颜。请同学们欣赏新中国成立以来所取得的伟大成就。

4. 中国奇迹（汇报材料）

1951年，西藏和平解放。

1964年，我国第一颗原子弹爆炸成功。

1997年7月1日，香港回归，中华人民共和国香港特别行政区正式成立。

1999年12月20日，澳门回归，中华人民共和国澳门特别行政区正式成立。

2001年，北京申奥成功。

2001年，中国正式加入世界贸易组织，加快了我国的对外开放，完善了社会主义市场经济，并使之国际化。

2003年，我国首次载人航天飞行，“神舟”五号载人飞船安全着陆，

我国首次载人航天飞行获得圆满成功。

2004年，西藏铁路全面开工建设，实现了世界屋脊一小段，西藏历史一大步。

2005年10月，发射“神舟”六号载人飞船。

2008年，成功举办奥运会。

5. 自由讨论

甲：身为国家未来主人翁的我们——中学生，对于国家前途的开创，民族的生存，实在负有不可推卸的历史责任与不可拒绝的时代使命。作为21世纪的中学生我们应具备哪些思想道德素质呢？请同学们谈谈感受。

6. 班主任简单地对活动进行总结。最后让同学们在《祝福祖国》的歌声中结束这次班会。

Patriotic juvenile

第四章/最美的垫底者

捐躯赴国难，视死忽如归，正是由于对祖国的深切热爱，勤劳智慧的中华儿女共同开拓了辽阔的疆域，创造了辉煌灿烂的文化。肩负着实现中华民族伟大复兴的我们，要热爱祖国的大好河山，要热爱祖国的历史和文化，为创造更加辉煌的民族文化而尽心尽力。

霍去病为国不顾家

霍去病生为奴子，长于绮罗，却从来不曾沉溺于富贵豪华，他将国家安危和建功立业放在一切之前。

汉代有个青年将领叫霍去病。他十六岁就参了军，跟着舅舅卫青到边塞和入侵的匈奴人作战。别看他年纪轻轻，却英勇善战，能指挥成千上万的骑兵步兵，屡建战功。

元朔六年（公元前123年），卫青领军二出定襄，史称漠南之战。虚十八岁的霍去病二次跟随卫青出征定襄。武帝特地任命霍去病为嫖姚校尉，领八百骑兵。战斗期间，霍去病脱离大军在茫茫大漠里奔驰数百里奇袭匈奴，打击匈奴的软肋。此仗霍去病斩敌2028人，杀死匈奴单于祖父一个辈分的若侯产和季父，俘虏单于的国相及叔叔。霍去病的首战，以这样夺目的战果，向世人宣告，汉家最耀眼的一代名将横空出世了。

元狩二年（公元前121年）的春天，霍去病被任命为骠骑将军，独自率领精兵一万出征匈奴，这就是著名的河西大战。十九岁的统帅霍去病不负众望，在千里大漠中闪电奔袭，打了一场漂亮的大迂回战。六天中他转战匈奴五个部落，一路猛进，并在皋兰山与匈奴的卢侯王、折兰王打了一场硬碰硬的生死战。

在此战中，霍去病惨胜，一万精兵仅余3000人。而匈奴更是损失惨重——卢侯王和折兰王都战死，浑邪王子及相国、都尉被俘虏，斩敌8960人，匈奴休屠祭天金人也成了汉军的战利品。在这一场血与火的对战之后，汉王朝中再也没有人质疑少年霍去病的统军能力，他成为汉军中的一代军人楷模、尚武精神的化身。

霍去病少年从军，为国出生入死，却顾不上自己的家庭，他也从不追求享乐。汉武帝为他建造府第，给他优厚的待遇，他却说："匈奴还没消灭，我怎么能顾得上自己的小家呢？"因为长年征战，霍去病得了重病，二十四岁的时候就去世了。他把短暂的一生都贡献给了祖国，使人民享受了安宁。

爱国传承

古语说："忠孝不能两全"。这当然不是说报效国家就不能孝敬父母，不能管自己的家庭，而是说，当国家更需要自己的时候，要能公而忘私，甚至放弃个人和家庭的幸福。自古以来，能做到这一点的人也不在少数。

最美的垫底者

他不是第一个跑向终点的选手，但他成为了“最美的垫底者”，他的坚持被人们铭记在心。

马拉松选手约翰·斯蒂芬·阿赫瓦里只代表祖国参加了一届奥运会，在完赛的57名参赛者中垫底。在此之前、之后他也并未有任何值得一提的好成绩被纪录，这在长跑高手层出不穷的非洲可谓平平无奇。但就是这样一位垫底者，却获得了比不少奥林匹克冠军更响亮的名声和更广泛、更深远的影响力，他曾被法国《队报》誉为“最美的垫底者”。

奥林匹克的宗旨不是更快、更高、更强么吗？这位垫底者究竟做了些什么，竟获得如此高的荣誉？

话说在1968年墨西哥城奥运会上，马拉松比赛结束后，记者们和观众们等颁奖仪式结束，他们便三三两两地退场回家了。过了一个多小时，组委会开始通知马拉松沿途的服务站开始撤离，

结果得到一个让所有人都吃惊的消息：有个选手还在跑！

这个还在跑的选手就是阿赫瓦里。他在跑出不到19公里后因碰撞而摔倒，膝盖受伤，肩部脱臼，但他并未就此退出，而是一瘸一拐地继续向终点跑去。渐渐的，所有的选手都将他远远甩在身后；渐渐的，围拢在街道两侧打气助威的人群已散尽，天色也越来越黯淡，所有人都觉得马拉松比赛已经结束，只有阿赫瓦里本人坚定地跑着，因为他觉得，自己的比赛远未结束。

不知什么时候，他的身边出现了一名记者，不解地问，为什么明知毫无胜算，还要拼命跑下去？

阿赫瓦里显然毫无准备，他默默地又“跑”了好一会儿，才突然坚定地答道：“我的祖国把我从7000英里外送到这里，不是

让我开始比赛，而是要我完成比赛……”被深深感动的记者立刻把稿件发回奥林匹克新闻中心，阿赫瓦里的名言不一会儿就通过广播回荡在墨西哥城的上空，许多本已回家的市民纷纷赶到路边，为他助威、欢呼。在观众的鼓励下，阿赫瓦里拖着伤腿，顶着满天星星，走入了专门为他打开灯光的阿兹特克体育场，几乎是一瘸一拐地蹭到了终点线。由于过于激动，人们忘了统计他的确切成绩，不过在奥运成绩册上有他获得的名次：75人中的第57名。排在他之后的18位选手，都是因各种原因中途退场的。

如今时过境迁已近四十年，虽然阿赫瓦里并无辉煌的成绩，但作为坦桑尼亚历史上首位参加奥运竞技的选手，他没有辜负国家的厚望，成为了“最美的垫底者”。

爱国传承

“我的祖国把我从7000英里外送到这里，不是让我开始比赛，而是要我完成比赛……”正是这样坚定的信念让他拖着受伤的身躯一步一步“跑”向了终点。他的名字被镌刻在奥林匹克名人录，镌刻在人们心间，因为他的执着，因为他的拼搏，因为他对祖国的热爱！

周恩来的书香缘与爱国情

周恩来总理一生酷爱读书，无论是在条件艰苦的战争年代，还是日理万机的和平建设时期，他用一生实践了“为中华之崛起而读书”的誓言。

在东关模范学校的三年，周恩来用古人“头悬梁、锥刺股”的苦学精神激励自己。每天，他完成作业后，就博览群书。他一边读，一边摘录名言警句，还写读书心得。他常常读到深夜，大地沉沉地入睡了，他还在书海里遨游。

周恩来少年时就胸怀中华，放眼世界。他的作文经常联系国家和国际大事。有一次，他看了白人资本家贩卖黑人孩子的《汤姆和琼斯的故事》，为黑人孩子的悲惨遭遇而流下热泪，同时对资本家的罪行而义愤填膺。于是，他带领同学写了两封信，一封写给黑人孩子，倾吐了发自肺腑的怜悯和同情；另一封写给白人资本家，表示了无比的愤慨与抗议。

在政治生涯中，他也严格要求自己，适应时代的要求，跟上时代

的步伐，站在时代的前列。读书，就要以紧跟时代为要求。

1913年，进入天津南开中学学习后，周恩来勤奋刻苦、博览群书，学到了很多知识。他上课专心听讲，遵守纪律，课后认真按时完成作业，进步很快，各门功课成绩都不错，特别是作文、书法和英文，每学期他都名列第一。周恩来先后阅读了陈天华的《猛回头》《警世钟》和邹容的《革命军》等著作。他还在课外读了《离骚》《史记》《汉书》等历史文学著作，他特别赞赏《岳阳楼记》中“先天下之忧而忧，后天下之乐而乐”的思想。但周恩来认为如果只是东一点、西一点地学习，也只是浮光掠影，一知半解，算不得学问。周恩来提出：“读书宁精勿杂，宁专勿多”。读书，就要以“求精不求多”为原则。

1919年留学回国，周恩来在天津参加五四运动，从事反帝、反封建的革命活动。后来，在“文化大革命”极端复杂的特殊环境下，周恩来同志忍辱负重，苦撑危局，付出了常人难以想象的努力，全力维护党和国家正常工作的运转，全力维护党的团结统一，尽一切可能减少损失。这些正是由于那些政治家、思想家的著作，才为他在日后投身爱国运动、吸收进步思想打下了基础！读书，就要以贡献祖国为动力。

新中国成立后，周总理日理万机，但他一直强调“知之为知之，不知为不知”，发扬“面壁十年图破壁，难酬蹈海亦英雄”的刻苦读书精神，“要做到老，学到老，改造到老”，并将之用于实践。在他生命的最后587天，他谈话227次，会见外宾56次，开会32次，而且他几乎天天看书，依旧如邓小平所说“周总理是一生勤勤恳恳、任劳任怨工作的人”。读书，就要以“为人民服务”为履践。

当十二岁的周恩来斩钉截铁地说出“为中华之崛起而读书”的誓言时，周恩来与书香、与爱国便结下了不解情缘。

爱国传承

中华五千年的历史，五千年的文化积淀，五千年的历史潮流。周恩来正是传承了这历史的发展，以“读书爱国，爱国读书”为宗旨。让我们也像周总理一样，发出“为中华之崛起而读书”的青春誓言，开启别样的书香缘与爱国情！

钱学森毅然回国

人生苦短，人怎样才能活得更有意义、更有价值呢？钱学森先生用自己的实际行动做出了明确的回答。

钱学森于1936年从麻省理工学院获得硕士学位后，又到洛杉矶市郊的加州理工学院航空系学习。他在学习中不迷信权威，敢于挑战权威，很快就进入了当时科学前沿。他和其他四位同学组成了一个五人火箭研究小组进行火箭实验，期间虽然发生多次意外爆炸，但他不畏艰险，继续实验，终于取得了巨大的科研成果，受到了美国军方的关注。

新中国成立之后，钱学森毅然放弃了美国优厚的生活工作条件要回国。这完全出乎美国军方的意料，美国军方便以种种理由加以阻挠，还软禁了钱学森竟达五年之久。在这五年期间，钱先生并不是消极等待，而是积极地为回国做准备，并开始了一门新学科的研究——工程控制论。这些都为钱先生后来能取得瞩目的成就奠定了基础。回国之后，钱先生更是全身心投入到科学研究中去，对我国科学事业的发展做出了重大贡献，被人民誉为“中国导弹之父”。钱学森之所以能为我国的科学事业做出重大贡献，乃是他有为科学献身的爱国主义精神。我们正需要有这种精神，我们国家才能不断走向繁荣，才能不断取得骄人的成就，才能扬眉吐气地屹立在世界的东方。

钱学森具有造福国家和民族的强烈使命感和责任感。在他年迈之时，仍然关注国家科技的发展，强调发展生物工程，强调西部治沙等工程，甚至到了晚年，他还提出了著名的“钱学森之问”。俗话说：“国家兴亡，匹夫有责。”钱学森表现出来的正是这种责任和担当，是我们学习的楷模。我们期待着有更多这样具有造福国家和民族使命感与责任感的人，我们中华民族也必定因此而走向强盛，走向辉煌。

爱国传承

钱学森的事迹像一面镜子，我们可以用以对照自己，让我们懂得了怎样的人生才能过得更有意义、更有价值；它像一座不朽的丰碑，屹立在我们心间，给我们以信念的力量，给我们以前进的动力；它像一盏指明灯，在我们迷茫之际，可以获得有益的启示，找到人生前进的方向。

戚继光驱除倭寇

他即席口述《凯歌》一首，教全军将士一起唱和，以歌代酒激励士气。他就是戚继光。

明代，有一批日本海盗经常在我国东南沿海一带骚扰，闹得沿海不得安宁。历史上把这种海盗叫“倭寇”。

1553年，倭寇集结了几百艘海船，在浙江、江苏沿海登陆，分成许多小股，掠夺了几十个城市，沿海的官吏和兵士都不敢抵抗。倭寇侵略越来越严重，明世宗发愁了，叫严嵩想法子对付。严嵩的同党赵文华想出一个主意，说要解决倭寇侵犯，只有向东海祷告，求海神爷保佑。

后来，朝廷派了个熟悉沿海防务的老将俞大猷去抵抗。俞大猷一到浙江，就打了几个胜仗。但是不久以后，浙江总督张经被赵文华陷害，俞大猷也受到牵连坐了牢。沿海的防务没人指挥，倭寇的活动又猖獗起来。朝廷把山东的将领戚继光调到浙江，才扭转了这个局面。

戚继光是我国历史上著名的民族英雄。他到了浙江后，先检阅那儿的军队，发现那些军队纪律松散，根本不能够打仗，就决心另外招募新军。他一发出招兵命令，马上就有一批农民、矿工自愿参军，还有一些地主武装也参加了进来。戚继光组织的新军很快就发展到四千人。

戚继光懂得兵士不经过严格训练是不能上阵的。他根据南方沼泽地区的特点，研究了阵法，经过他的严格训练，这支新军的战斗力特别强。“戚家军”的名气就在远近传开了。

过了几年，倭寇又袭击台州一带，戚继光率领新军赶到台州。那些乱七八糟的海盗队伍，哪里是戚家军的对手，交锋了九次，戚家军每次都取得了胜利。最后，倭寇在陆地上待不住，被迫逃到海船上，戚继光又用大炮轰击。大批倭兵被烧死或掉到海里淹死，留在岸上的也只得乖乖投降。

倭寇见到浙江防守严密，不敢再侵犯。第二年，他们又到福建沿海骚扰。两路敌人互相声援，声势很大。福州的守将抵挡不了，向朝廷告急。朝廷又派戚继光援救，戚继光带了新军赶到宁德，打听到敌人的巢穴在宁德城十里外的横屿岛。那儿四面是水，地形险要，倭寇在那儿扎了大营盘踞，当地明军也不敢去攻打他们。

当天晚上潮落的时候，戚继光命令兵士每人随身带一捆干草，到了横屿对岸，把干草扔在水里。几千捆干草扔在一起，铺出了一条路来。戚家军兵士踏着干草铺成的路，插进倭寇大营。

经过一场激烈的战斗，盘踞在岛上的两千多个倭寇全部被歼灭。

接着戚家军进兵牛田。到了牛田附近，戚继光传出命令，说："远路进军，人马疲劳，先就地休整再说。"

这些话很快传到敌人那里，牛田的倭寇防备也就松懈下来。就在当天晚上，戚继光下令向牛田发起总攻击。倭兵毫无准备，纷纷败退。

倭寇头目率领残兵逃到兴化，戚家军又连夜跟踪追击，消灭了溃逃的敌人。到天色发白的时候，戚家军开进兴化城，城里的百姓才知道附近的倭寇已被戚家军消灭。大家兴高采烈，到军营来慰劳。

第二年，倭寇又侵犯福建。这时候，俞大猷已经复职。朝廷派俞大猷为福建总兵，戚继光为副总兵。两个抗倭名将一起，大败倭寇。1565年，俞、戚两军再次配合，到这时，横行几十年的倭寇被基本肃清。

爱国传承

戚继光出身于将门世家，因受家庭的影响，戚继光从小就喜欢军事游戏。父亲戚景通对儿子期望很高，亲自教他读书写字，练习武艺，还经常讲一些为人处世的道理。戚继光不仅获得行军打仗的真实学问，还养成了良好的品质，树立了高远的志向，为以后建功立业打下了基础。

以色列的骨气

她没有因为媒体的咄咄逼问而退缩，而是用一句话帮助祖国完成了最伟大的七日战争。

大家都知道以色列与阿拉伯的战争。阿拉伯和以色列打仗打得正热闹的时候，世界正举行选美比赛，那年以色列小姐正好当选“世界小姐”。

许多电影界的人士都围着她：“小姐签约吧，将来你可以发大财了！”“签约后你名利双收，你何必回国呢？你的国家正在打仗，那么一个小国，随时会被吃掉的！”“你回去多可怕！你现在又有钱，又有名，留在美国吧！”

这姑娘却在电视上发表谈话：“世界小姐不是我个人想选，我只是想让你们知道，以色列是一个优秀的民族，所以我出来竞选。我想让人们知道：地球上有以色列这个国家，所以我要出来竞选。我今天被选上了，就完成了我的任务。我也告诉世界：以色列是个优秀的民族，因为我是世界上最漂亮的女人，同时还告诉世界：以色列这个国家正艰苦奋战，希望全世界的人民同情我们，支持我们！支持我们国家的独立！现在我的国家正在打仗，要钱何用？我们以色列亡国两千年，因为我们文化不亡，所以我们还能建国。今天我要回去，为祖国而战，要钱何用？”——她发表完这番谈话，第二天就坐飞机回国了。

这个消息发表后，全世界的人都对以色列刮目相看！哇，以色列人真了不起啊！于是，以色列的军队军心大振，很快便取得了这场战争的胜利。这就是历史上最伟大的“七日战争”！七天打完！仅仅因为一个女孩子说的一番话鼓舞了士气。

爱国传承

一个人的价值只有和祖国的利益相符合方能最充分地显现出来。如果不顾及祖国的利益，即使个人发展得再辉煌，也不过是个空壳的种子了。以色列小姐的举动充分体现了国民对祖国的热爱。

华罗庚报效祖国

从初中毕业到人民数学家，华罗庚走过了一条曲折而辉煌的人生道路，为祖国争得了极大的荣誉。

华罗庚是一位靠自学成才的世界一流的数学家，他仅有初中文凭，因一篇论文在《科学》杂志上发表，得到数学家熊庆来的赏识，从此华罗庚北上清华园，开始了他的数学生涯。

1936年，经熊庆来教授推荐，华罗庚前往英国，留学剑桥。20世纪声名显赫的数学家哈代早就听说华罗庚很有才气，他说："你可以在两年之内获得博士学位。"华罗庚却说："我不想获得博士学位，我只要求做一个访问者。""我来剑桥是求学问的，不是为了学位。"两年中，他集中精力研究堆垒素数论，并就华林问题、他利问题、奇数哥德巴赫问题发表了18篇论文，得出了著名的"华氏定理"，向全世界显示了中国数学家出众的智慧与能力。

1946年，华罗庚应邀去美国讲学，并被伊利诺大学高薪聘为终身教授，他的家属也随同到美国定居，有洋房和汽车，生活十分优裕。当时，不少人认为华罗庚是不会回来了。

新中国的诞生，牵动着热爱祖国的华罗庚的心。1950年，他毅然放弃在美国的优裕生活，回到了祖国，而且还给留美的中国学生写了一封公开信，动员大家回国参加社会主义建设。他在信中袒露了一颗热爱中华的赤子之心："朋友们！梁园虽好，非久居之乡。归去来兮……为了国家民族，我们应当回去……"虽然数学没有国界，但数学家有自己的祖国。

华罗庚从海外归来，受到党和人民的热烈欢迎，他回到清华园，被委任为数学系主任，不久又被任命为中国科学院数学研究

所所长。从此，华罗庚开始了他数学研究真正的黄金时期。他不但连续做出了令世界瞩目的突出成绩，同时满腔热情地关心、培养了一大批数学人才。为摘取数学王冠上的明珠，为应用数学研究、试验和推广，他倾注了大量的心血。

据不完全统计，数十年间，华罗庚共发表了152篇重要的数学论文，出版了9部数学著作和11本数学科普著作。他还被选为第三世界科学家的院士。

爱国传承

祖国是我们最伟大的母亲，有国才有家，国强家才能安。不爱国的人如同无根的野草，只能四处飘荡，永无归属感。个人的发展离不开祖国的大环境，所以要想个人有所发展，必须时刻心系祖国，以国荣为己荣，以国兴为己任。

他离不开自己的学生

父亲对他的影响让他始终将“爱国”二字谨记于心，他的行为更加证明了爱国对他不仅是一种深深的情怀，更是为之奋斗一生的事业。

我国有个大翻译家叫傅雷，才华超群，把许多外国名著译成了中文。他为人正直，非常关心国家的命运。可是在1957年，他被错误地划成了“右派”，在“文化大革命”中又受到迫害，含冤离世了。他的大儿子傅聪是个钢琴家，后来到了国外，这也成了傅家的一条“罪状”。受到父兄问题的影响，傅雷的小儿子傅敏，一直受到很大的思想压力，在北京七中当英语教员。

“文革”结束后，1979年，傅敏自费到英国探亲、留学。有人就议论说：他说得一口流利的英语，又有亲戚在国外，这些年在国内不舒畅，这次出国，肯定会在国外找个工作，不回来了。可是一年多以后，傅敏不但回来了，而且继续在北京七中当英语教员。他带回的东西很多，可是没有什么高级消费品，而是大量的书籍和资料，作为教学时的参考。

有人问他的想法，他说："我从没有不回来的念头。我父亲是爱国者，对我有很大影响。国外条件虽然好，但终究不是自己的祖国，在那里像浮萍。我一想到我们的国家和我的学生就急着想回来。这里有些条件虽然不如国外，可这里有我的事业。我离不开我的学生，他们需要我。"

爱国传承

爱国是每一个人必须具备的基本品质，一个人如果不爱自己的民族，不爱自己的祖国，也就丧失了做人的资格。我们每个人都应该热爱自己的祖国，不管她是强大还是落后，也不管她是富饶还是贫瘠，都要把自己的全部精力奉献给祖国。

黄继光挺身堵枪眼

他的一个挺身留给我们的是永不忘记的背影。

黄继光，四川省中江县人，1931年出生于贫苦农民家庭。他曾当过儿童团团长和民兵，被评为民兵模范。1951年3月他参加中国人民志愿军，1952年7月加入了中国新民主主义青年团。黄继光还因为作战勇敢，立三等功1次。

1952年10月，在抗美援朝上甘岭战役中，黄继光所在营与美军为首的“联合国军”和南朝鲜军激战四昼夜后，于19日夜奉命夺取上甘岭西侧597.9高地。部队接连攻占三个阵地后，受阻于零号阵地，连续组织三次爆破均未奏效。时近拂晓，如不能迅速消灭敌中心火力点，夺取零号阵地，将贻误整个战机。

关键时刻，时任某部6连通信员的黄继光挺身而出，请求担负爆破任务。他在决心书上写道：“坚决完成上级交给的一切任务，争取立功当英雄，争取入党。”黄继光当即被任命为6班班长，他带领两名战士勇敢机智地连续摧毁敌人几个火力点，后来一名战友不幸牺牲，另一名战友身负重伤，他的左臂也被打穿。面对敌人的猛烈扫射，他毫无畏惧，忍着伤痛，迅速抵近敌中心火力点，连投几枚手雷，敌机枪顿时停止了射击。当部队趁势发起冲击时，残存地堡内的机枪又突然疯狂扫射，攻击部队再次受阻。这时他多处负伤，弹药用尽。为了战斗的胜利，他顽强地向火力点爬去，靠近地堡射孔时，奋力扑上去，用自己的胸膛，死死地堵住了敌人正在喷射火舌的枪眼，壮烈捐躯。在黄继光英雄壮举的激励下，部队迅速攻占零号阵地，全歼守敌两个营。

战后，部队党委追认他为中国共产党党员，追授“模范团员”称号。中国人民志愿军领导机关给他追记特等功，并追授“特级英雄”称号。朝鲜民主主义人民共和国最高人民会议常任委员会追授他“朝鲜民主主义人民共和国英雄”称号和金星奖章、一级国旗勋章。

爱国传承

抗美援朝战争中，黄继光舍身堵枪眼的英雄壮举，激励和教育了几代人。他那奋不顾身的大无畏英雄气概为人们所敬仰，他的英雄事迹成为人们学习的楷模，他的爱国主义精神成为人们的榜样。

再造共和

为了民主共和而战，他们是真正的英雄。

在1915年12月13日，袁世凯下令称，于1916年1月1日，正式宣布登基做皇帝，改民国五年为洪宪元年。

1915年12月13日，蔡锷等人响应孙中山先生护国讨袁的号召，在云南组织护国军起义，反对袁世凯称帝。

蔡锷率三个梯团，由昆明出发，北上讨袁。时任滇军第十团团长的朱德，以善打游击战著称，这次编入护国军任第三梯团第六支队长，作为护国军的先锋部队来到纳溪。

护国军朱德率领的先锋部队，由叙蓬溪出发，与北军遭遇，激战于棉花坡一带，并展开殊死搏斗。由于朱德率领的部队训练有素，纪律严明，善打夜战、白刃战、山地游击战，很快就彻底击溃了棉花坡一带的敌人，拿下了袁军在纳溪城内的司令部，取得了护国战争棉花坡战役的胜利，起到了促进各省起义反袁称

帝、再造共和的作用，奠定了转败为胜的战局基础。朱德很快升任护国军第三混成旅旅长，奉命固守纳溪一带阵线。

纳溪棉花坡大战的胜利，使护国军的军威大振。全国各省纷纷起义，宣布独立，通电响应讨袁。袁世凯的皇帝梦彻底破灭，只做了83天就垮台了。

当时四川局势仍处于硝烟弥漫之中，北洋军盘踞长江北岸的泸州城和毗邻县一带，蹂躏百姓，残害人民。蔡锷又命朱德攻取泸州城。

于是朱德亲临长江，视察地形，率护国军抢渡登岸，背水迎击敌军，英勇奋战，终于击败了南侵之敌，直插泸州龙透关，胜利攻取了泸州城。这次大战，是继棉花坡血战后的又一次胜利。

自护国讨袁之役，护国军取得胜利后，北洋军散兵游勇，四处抢劫财物，民不聊生。

为除土匪，朱德亲率部队，由泸州出发，经兰田坝分两路进军。一路由兰田坝直奔牛背石，另一路由纳溪高洞场围攻鼓楼山，直捣利合场。

经数十日围剿，敌军终于被一网打尽，全部肃清。为感谢朱德的高功厚德，泸州人民在泸县况场、纳溪丰乐乡竖起了两块德政碑，即"除暴安良"、"救民水火"碑。

1916年7月，蔡锷将军为纪念护国讨袁的功绩，亲自撰写铭文和词，在护国军总司令部驻地的永宁河畔的岩山上刻了"护国岩"三个颜体大字，笔力雄浑；刻了共289字，字大10厘米，字迹挺秀端庄。

全国解放后，为了纪念护国讨袁的丰功伟绩，叙蓬溪改名为护国镇。

爱国传承

"天下兴亡，匹夫有责"，古往今来历史上有多少志士仁人为捍卫祖国的尊严，为祖国的繁荣昌盛而鞠躬尽瘁，舍生忘死。爱国志士永垂青史，受人景仰；卖国奸贼遗臭万年，遭尽世人唾骂。历史公正的裁决，早已昭昭在世！

为国争光的华侨和海外华人

虽然身在国外，但心系祖国，一刻也不放松。

居住在国外的华侨和外籍华人，除极个别的民族败类以外，都对祖国怀有深厚的感情。他们在所在国努力工作，受到各国人民的称赞，同时也不忘有机会为祖国服务，扩大中国的影响。

比如在美国，华人就是一支不可忽视的力量。在美国的发展中特别是西部的开发中，华人做出了不可磨灭的贡献。在美国的著名大学里，有约1/3的系主任是华人；美国登月工程的科技人员，华人也占了不少；还有不少华人参加了航天飞机的设计和制造，所以美国流传着一句话“美国的财富在犹太人的口袋里，智慧在华人的脑袋里”，海外华人为中国争得了荣誉。

清朝末年，有个爱国华侨叫张振勋。他有一次听法国人说，要在瓜分中国之后，到山东烟台建葡萄酒厂，因为那里生产的葡萄质量特别好。他就想：中国的土地和物产，为什么中国人自己不能利用呢？

后来，他就到烟台创办了张裕酿酒公司，生产出红、白葡萄酒二十多种，味道十分醇美，不但风行全国，而且畅销海外。在1915年万国博览会上，张裕公司制作的金奖白兰地、雷司令等名酒获得了金质奖章。

爱国传承

五千年漫漫征程，一路风雨一路行。中华民族曾有过向世界开放、国力强盛的汉唐辉煌，也有过闭关锁国、落后挨打的近代耻辱。前进的道路充满艰辛，但艰辛中孕育着希望。如今走向世界的中国人，他们脚步迈得更加坚定、更加铿锵、更加豪迈，在异域为祖国争光。

手抄报：爱国诗人大聚会

【手抄报主题】爱国诗人大聚会

【手抄报内容】

1. 岳飞（1103-1142）字鹏举，汉族。北宋相州汤阴县永和乡孝悌里人。中国历史上著名战略家、军事家、民族英雄、抗金名将。岳飞在军事方面的才能被誉为宋、辽、金、西夏时期最为杰出的军事统帅，联结河朔之谋的缔造者。同时又是两宋以来最年轻的建节封侯者。

满江红

怒发冲冠，凭栏处、潇潇雨歇。抬望眼、仰天长啸，壮怀激烈。三十功名尘与土，八千里路云和月。莫等闲、白了少年头，空悲切。

靖康耻，犹未雪；臣子恨，何时灭。驾长车，踏破贺兰山缺。壮士饥餐胡虏肉，笑谈渴饮匈奴血。待从头、收拾旧山河，朝天阙。

2. 陆游（1125-1210），字务观，号放翁。汉族，越州山阴（今浙江绍兴）人。南宋诗人。创作诗歌很多，今存九千多首，内容极为丰富。抒发政治抱负，反映人民疾苦，风格雄浑豪放；抒写日常生活，也多清新之作。词作量不如诗篇巨大，但和诗同样贯穿了气吞残虏的爱国主义精神。著有《剑南诗稿》《渭南文集》《南唐书》《老学庵笔记》等。

示儿

死去元知万事空，但悲不见九州同。

王师北定中原日，家祭无忘告乃翁。

3. 文天祥（1236–1283），汉族，吉州庐陵人，南宋民族英雄，文天祥以忠烈名传后世，受俘期间，元世祖以高官厚禄劝降，文天祥宁死不屈，从容赴义，生平事迹被后世称许，与陆秀夫、张世杰称为“宋末三杰”。

过零丁洋

辛苦遭逢起一经，干戈寥落四周星。

山河破碎风飘絮，身世浮沉雨打萍。

惶恐滩头说惶恐，零丁洋里叹零丁。

人生自古谁无死？留取丹心照汗青！

个人活动：制作饮料瓶显微镜

【活动主题】 制作饮料瓶显微镜

【活动目的】 锻炼小学生的动手能力和思考能力。

【活动准备】 小电珠，纸板，透明塑料片，铁片，反光镜，空饮料瓶，螺丝，美工刀，剪刀，锥子，笔，白胶。

【活动流程】

1. 先在纸板上画出显微镜的底座和镜筒的轮廓加工线，用剪刀沿着加工线剪掉多余的部分。
2. 把饮料瓶的瓶口用刀整齐切下，将做镜筒的白纸板卷成口径能套住饮料瓶口径的大小，用白胶粘好，然后插入饮料瓶口的下端。把做底板的白纸板折叠做成一个正方体镜座，然后折叠镜筒架，并粘贴在底板上。
3. 用镜架和镜筒的连接条套在镜筒中央部位，然后另一端用螺丝固定在镜架的顶端位置。把铁片卷起来，用白胶粘在反光镜的背面，然后再卷一个铁片卷，留出一部分铁片。用卷曲的一面和第一个铁片卷粘贴，把反光镜和铁片卷架起来，留有铁片的另一端用螺丝固定在底座上。
4. 在饮料瓶盖子的中心用锥子钻一个小孔，然后剪一个圆形的透明塑料片，用胶水粘在瓶盖里面的小孔上，把小电珠顶部的小球放进去，再粘一片同样的塑料片。
5. 把瓶盖盖在镜筒的瓶口上，显微镜就做好喽。